HOLZ BOOKS | 2018

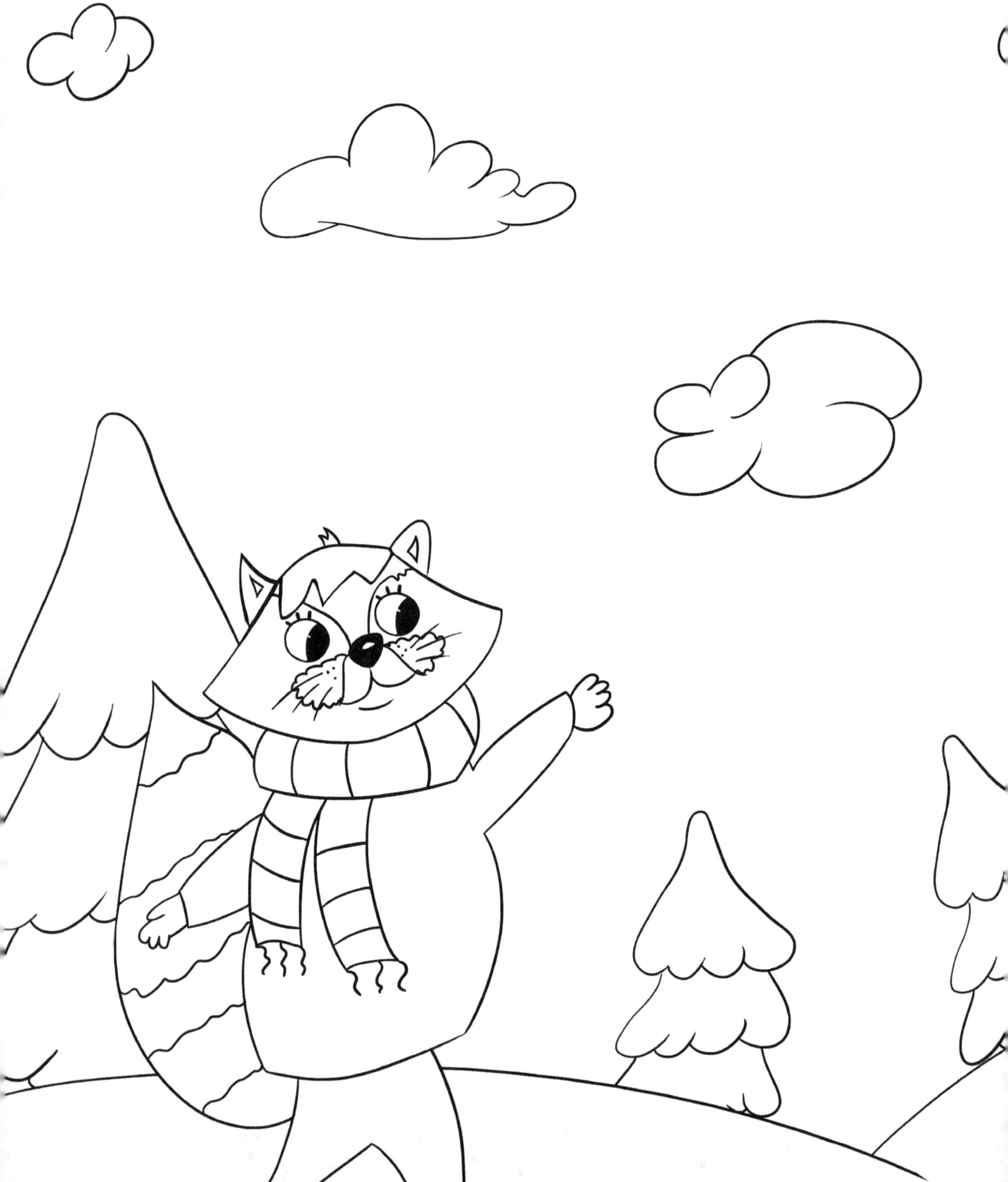

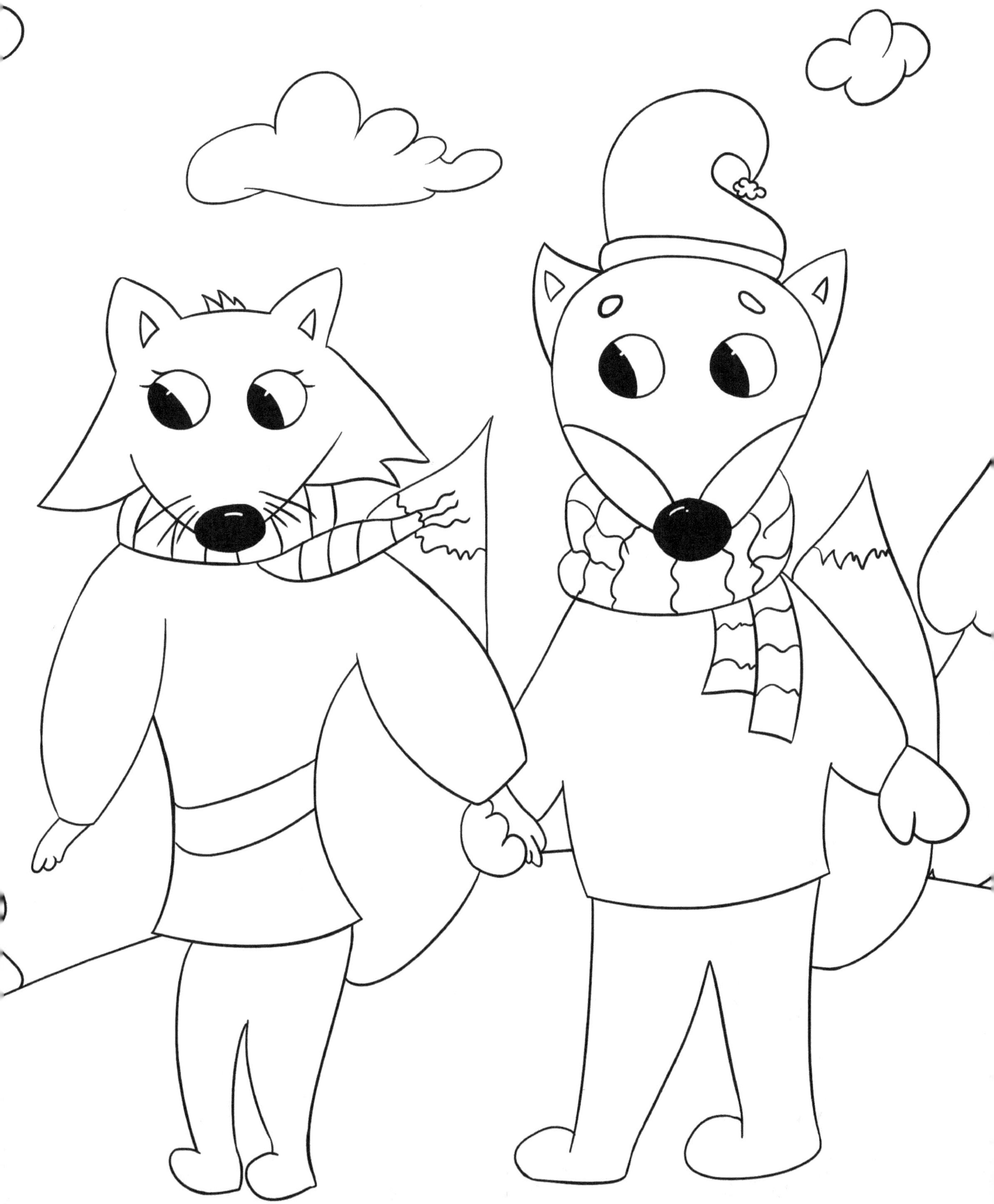

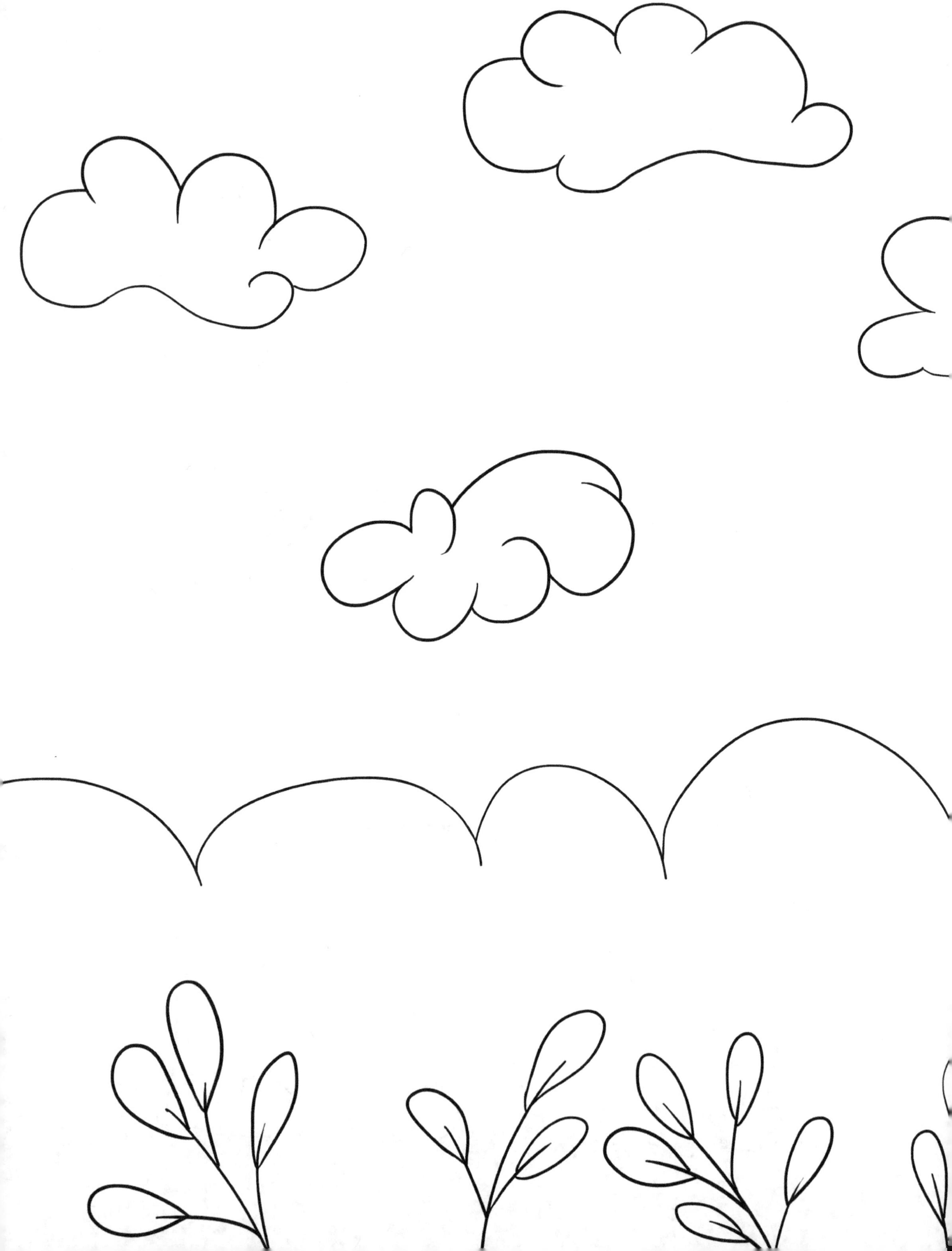

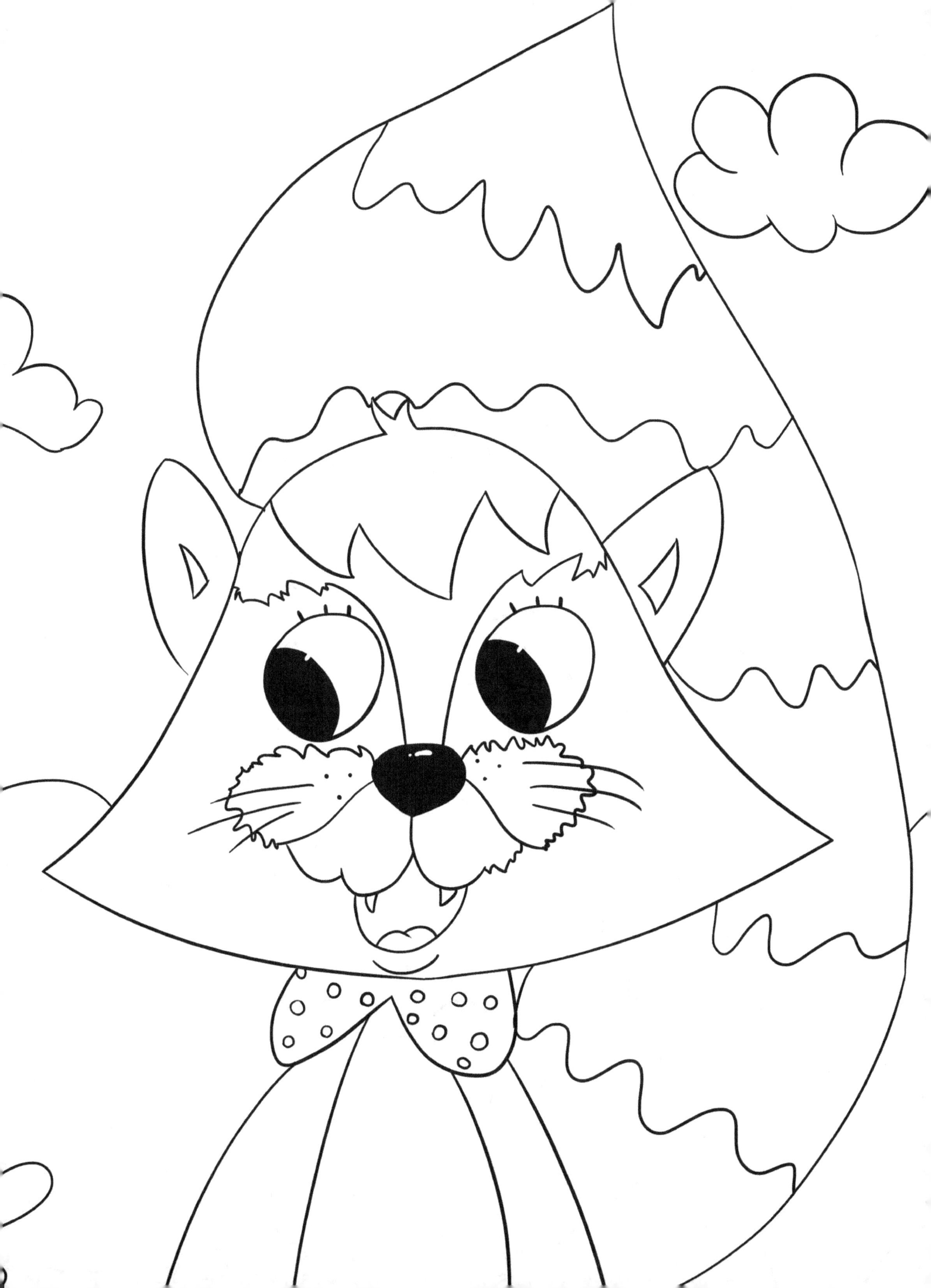

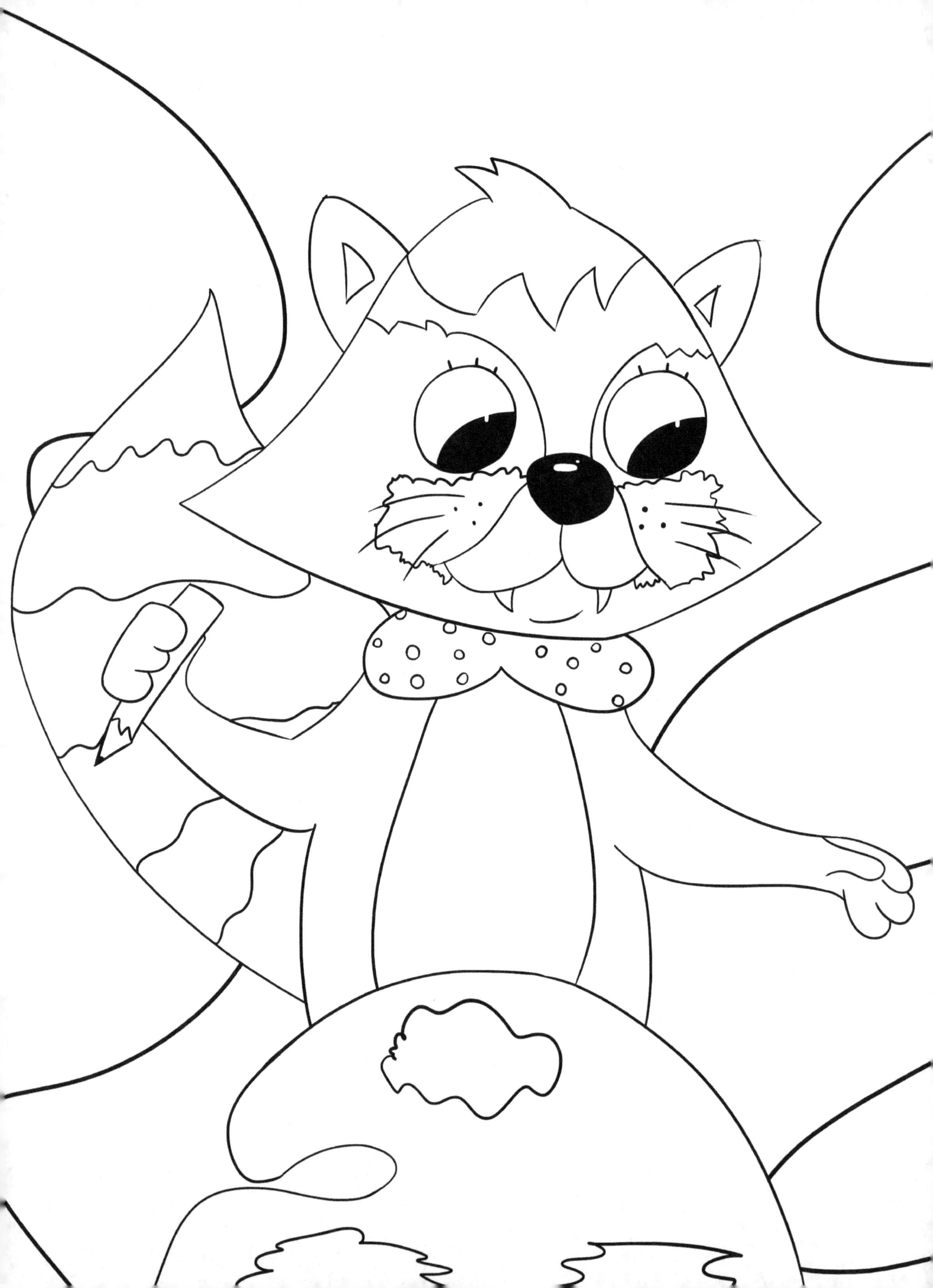

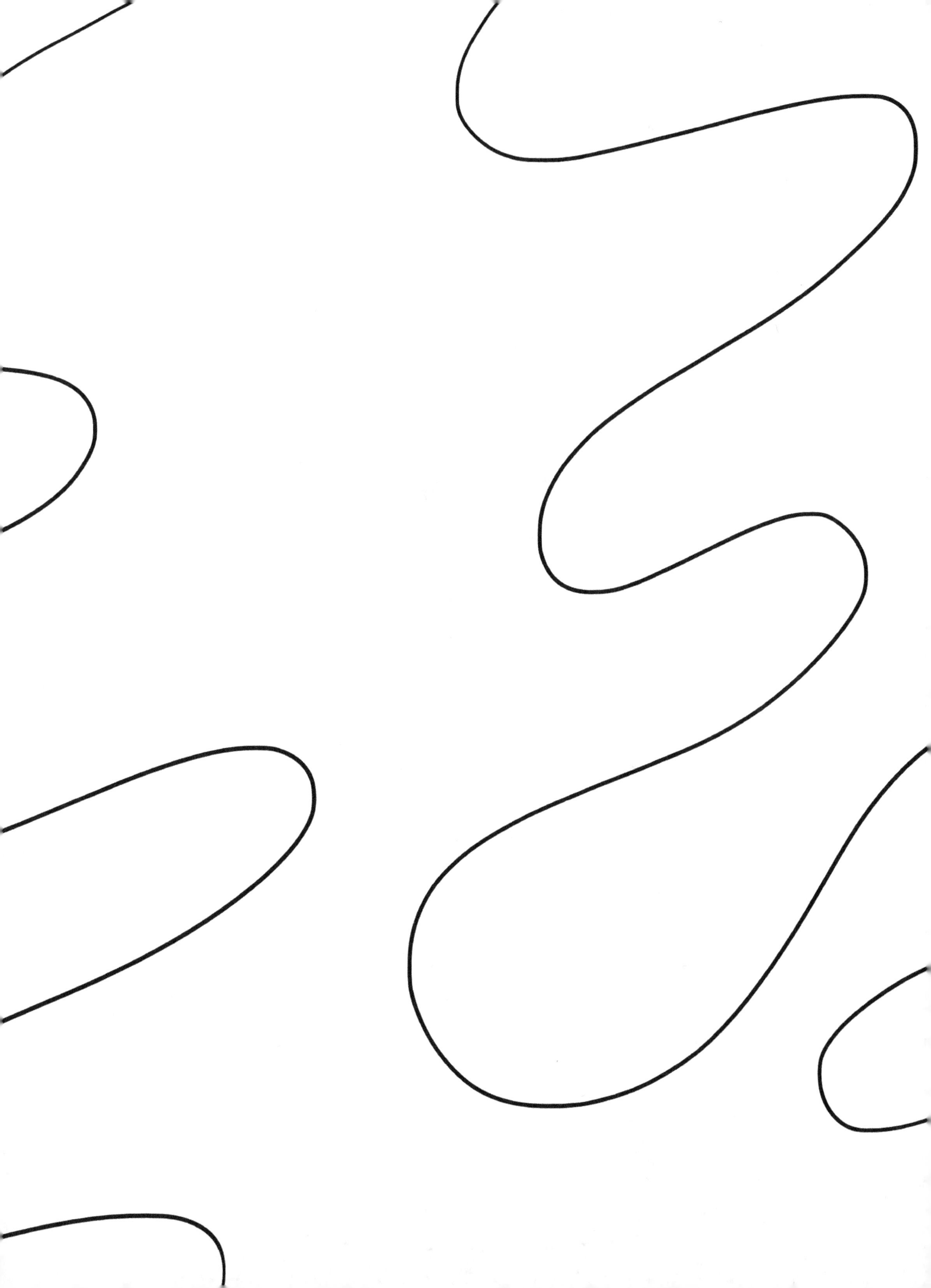

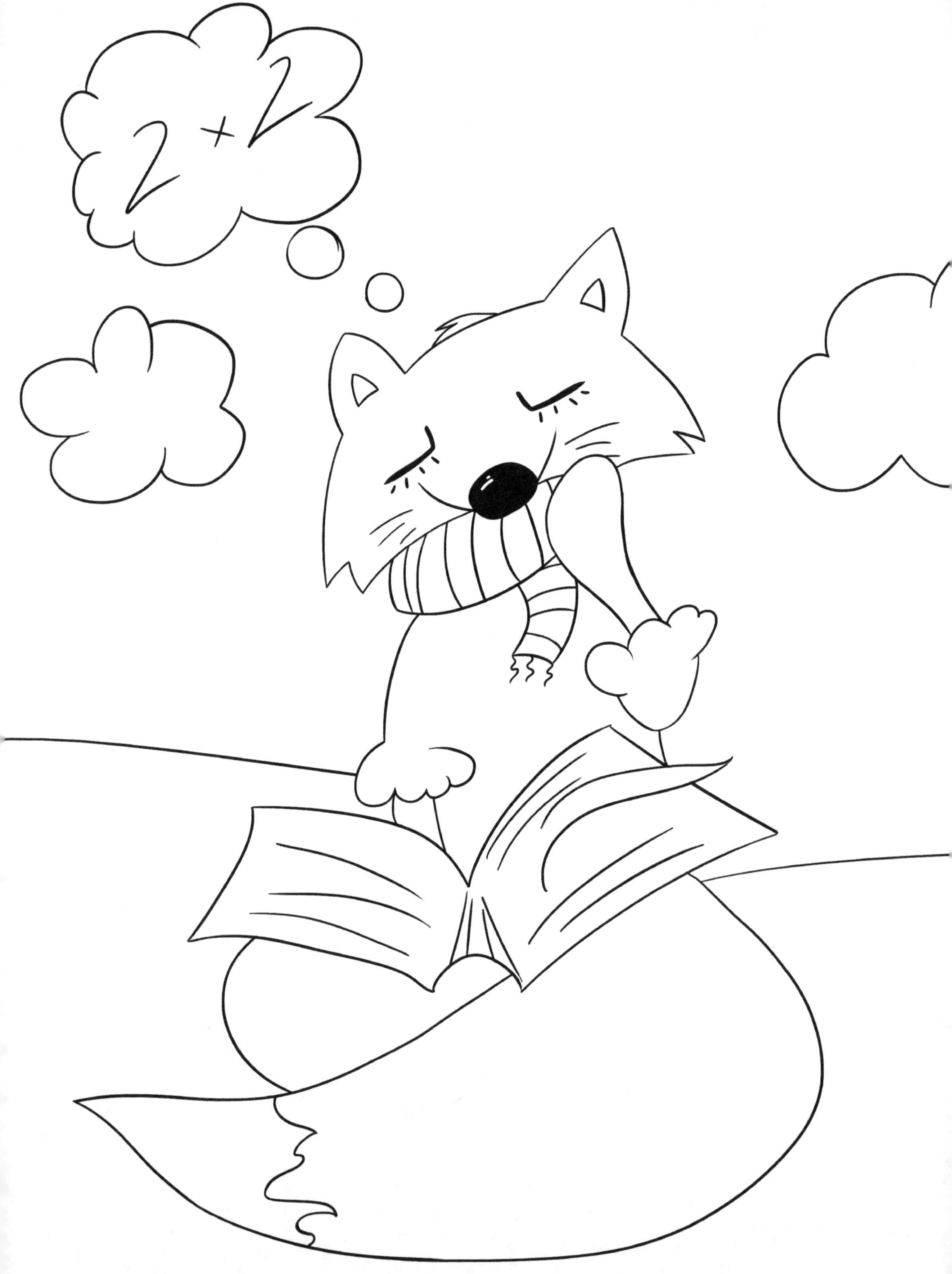
2+2

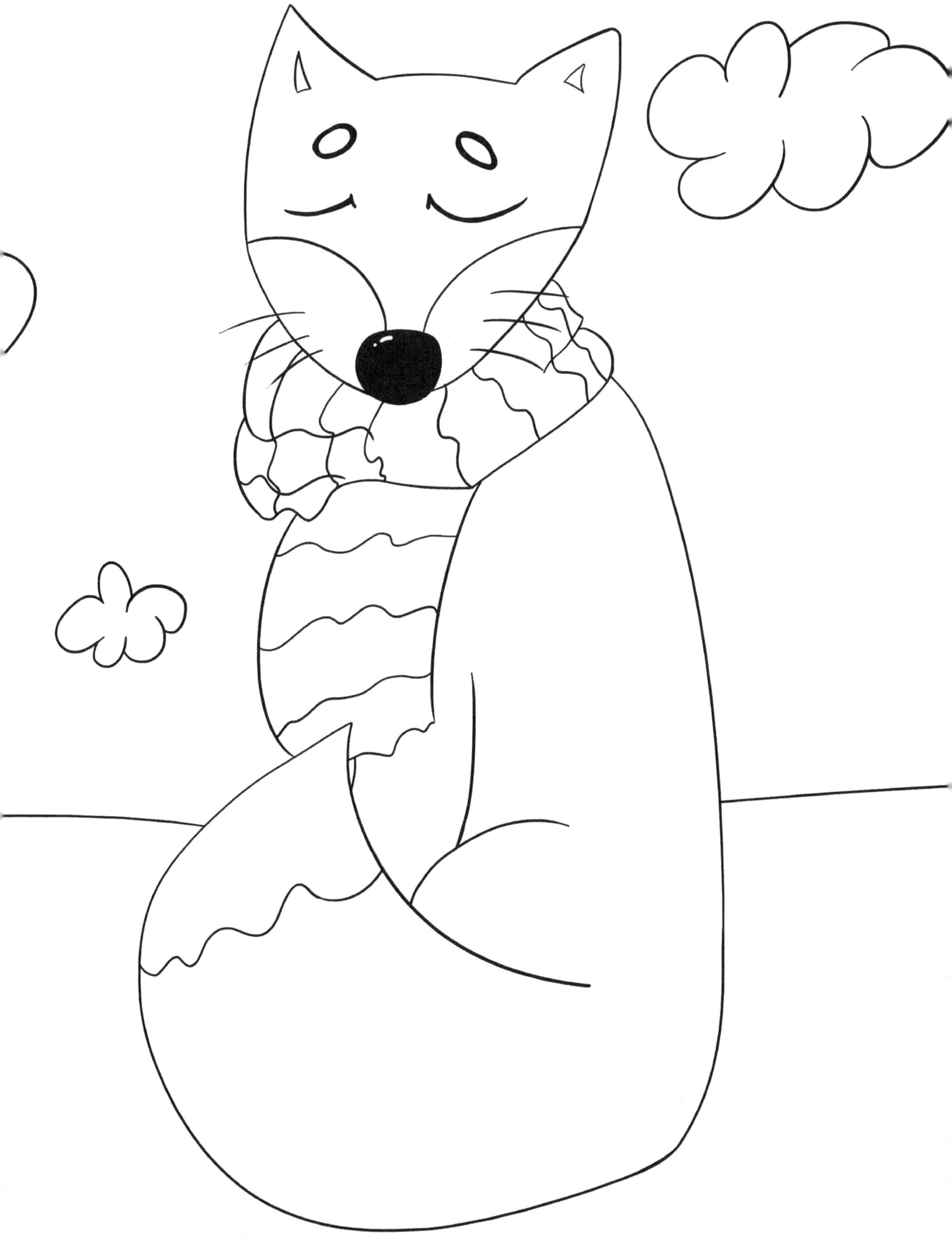

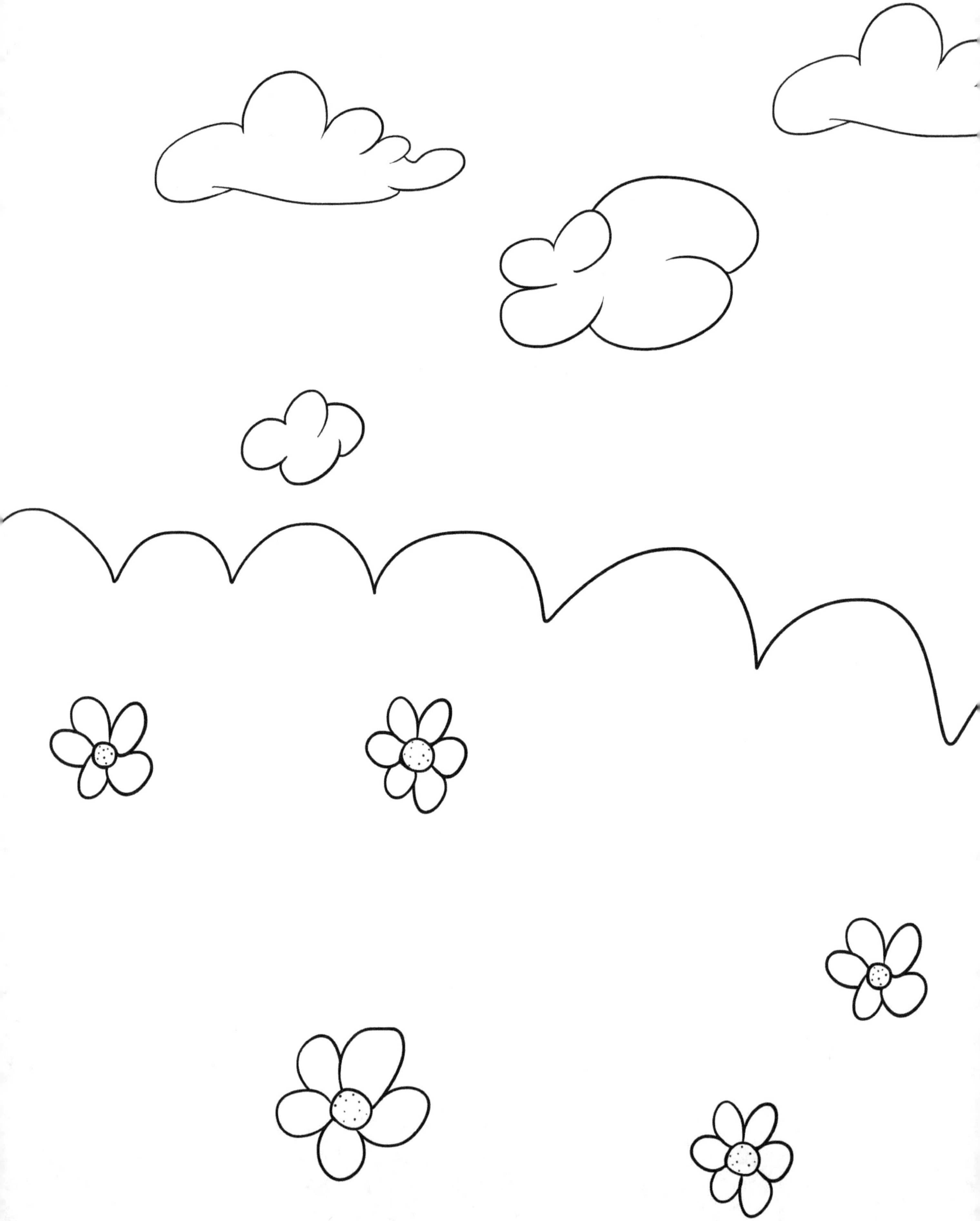

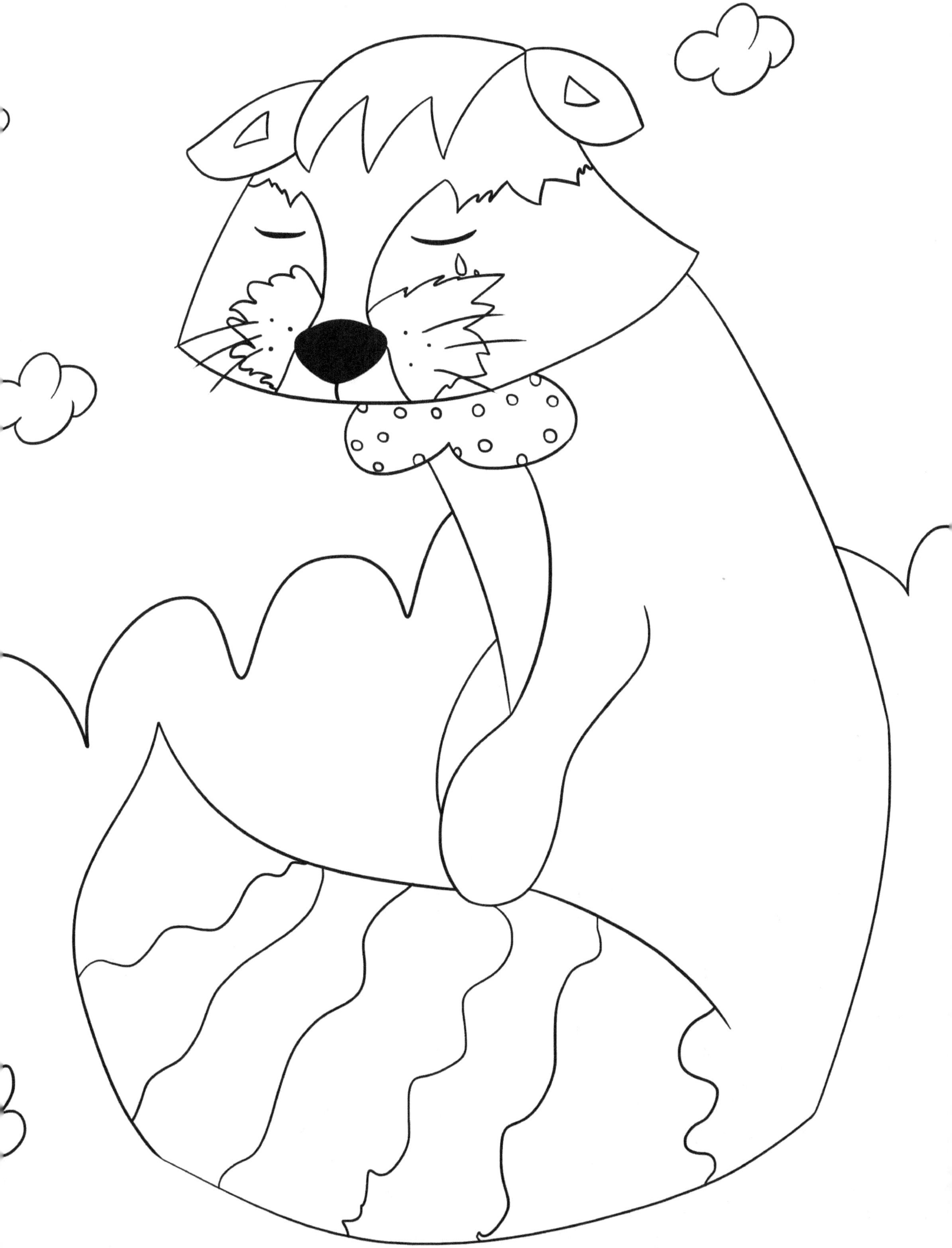

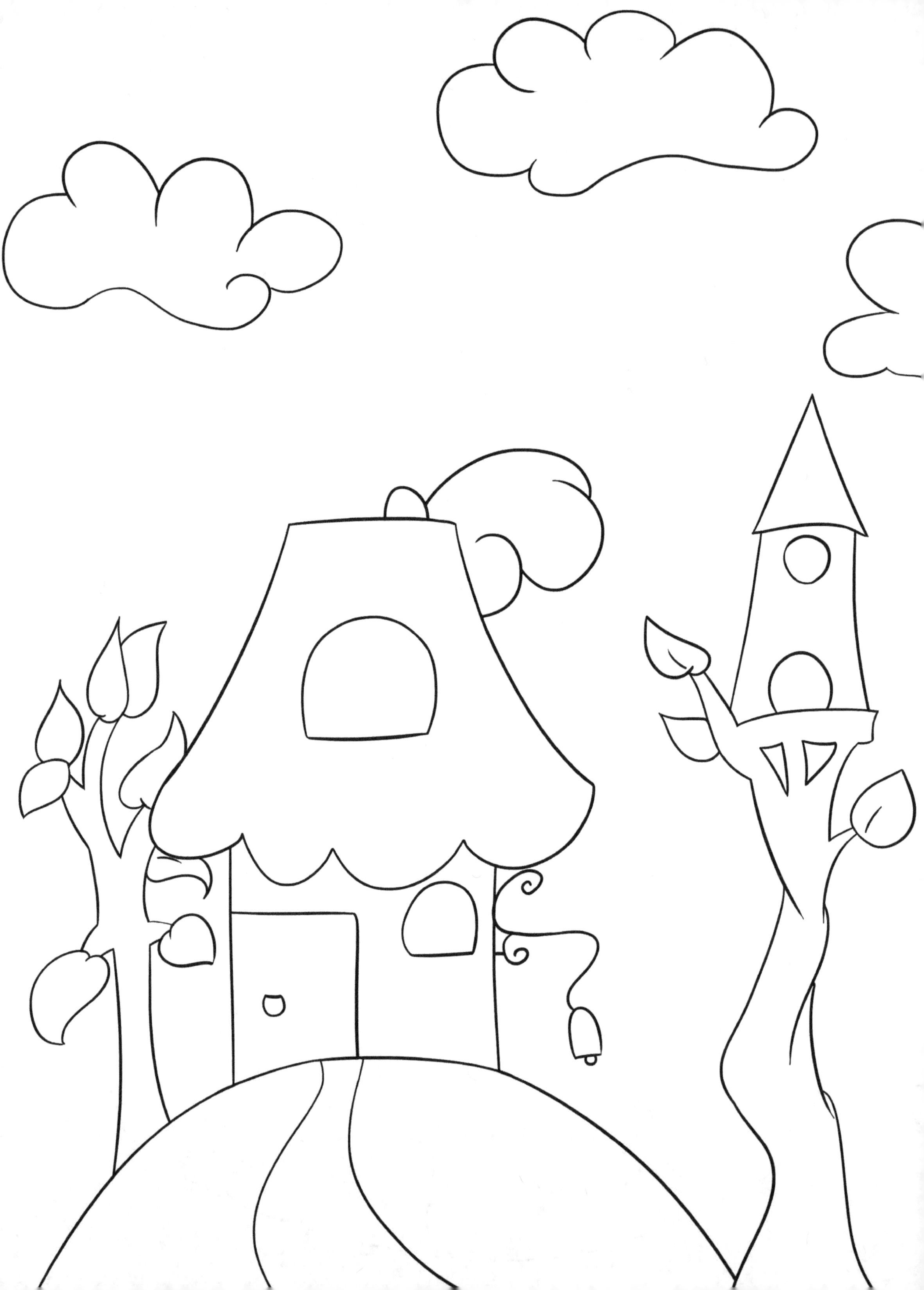

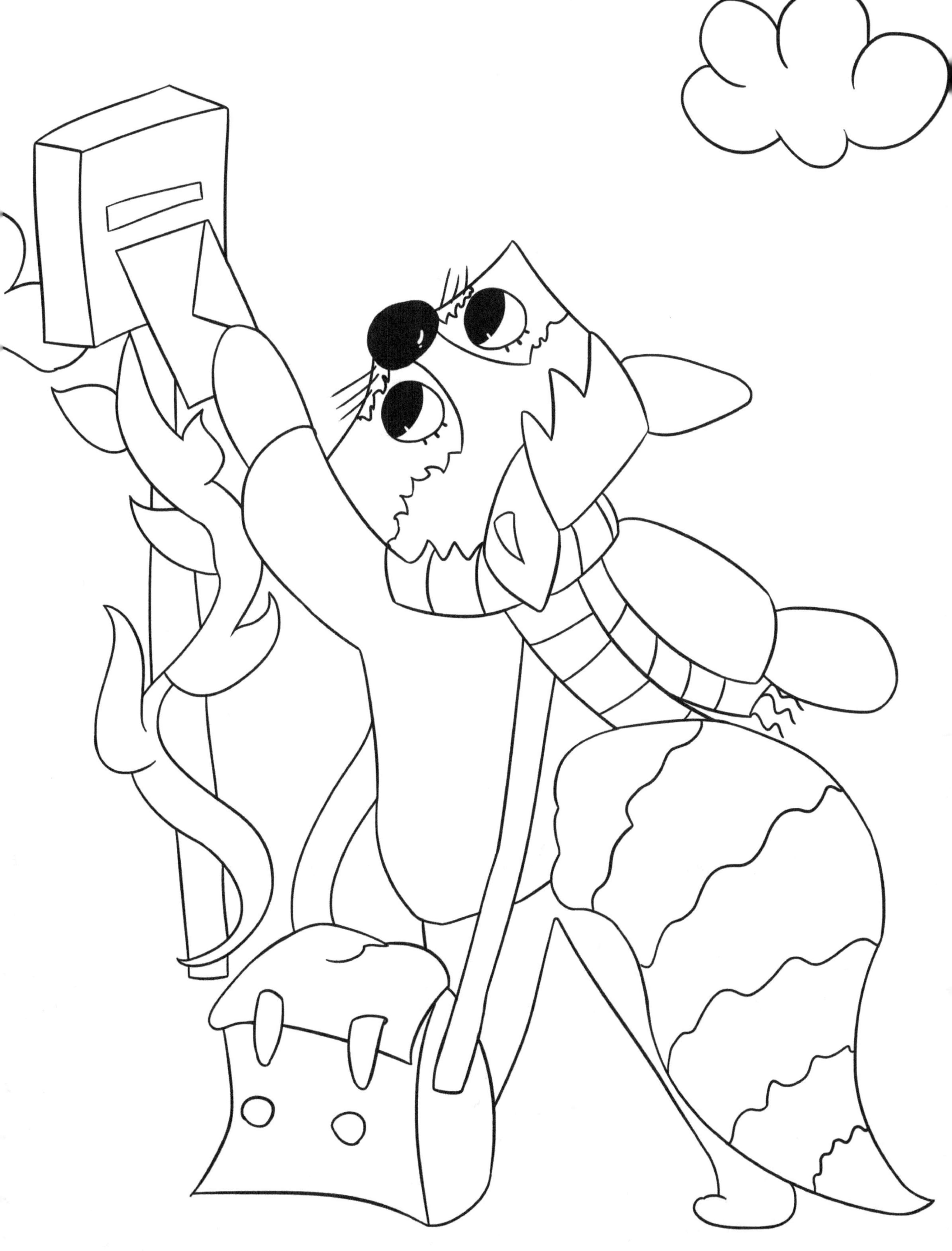

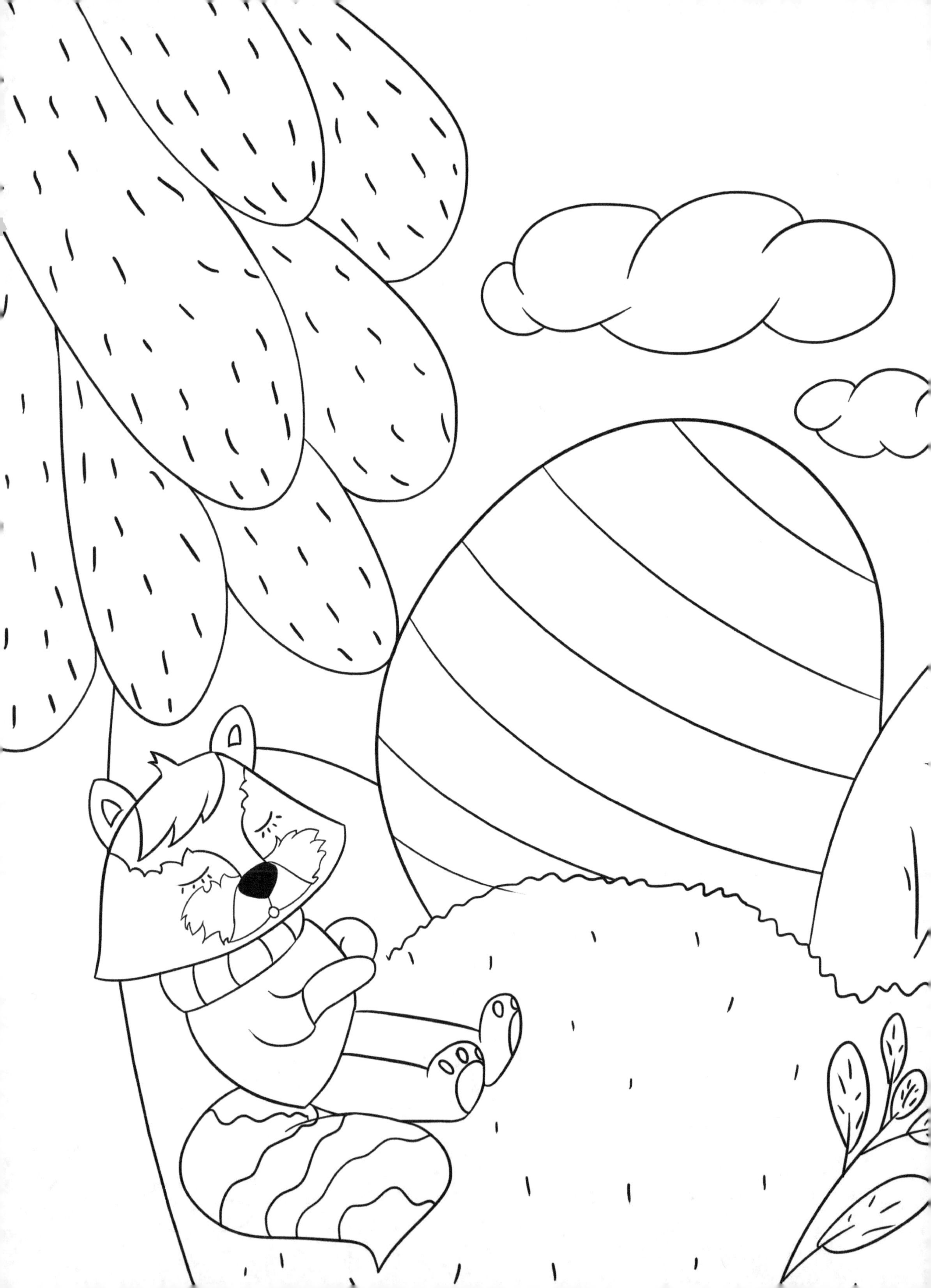

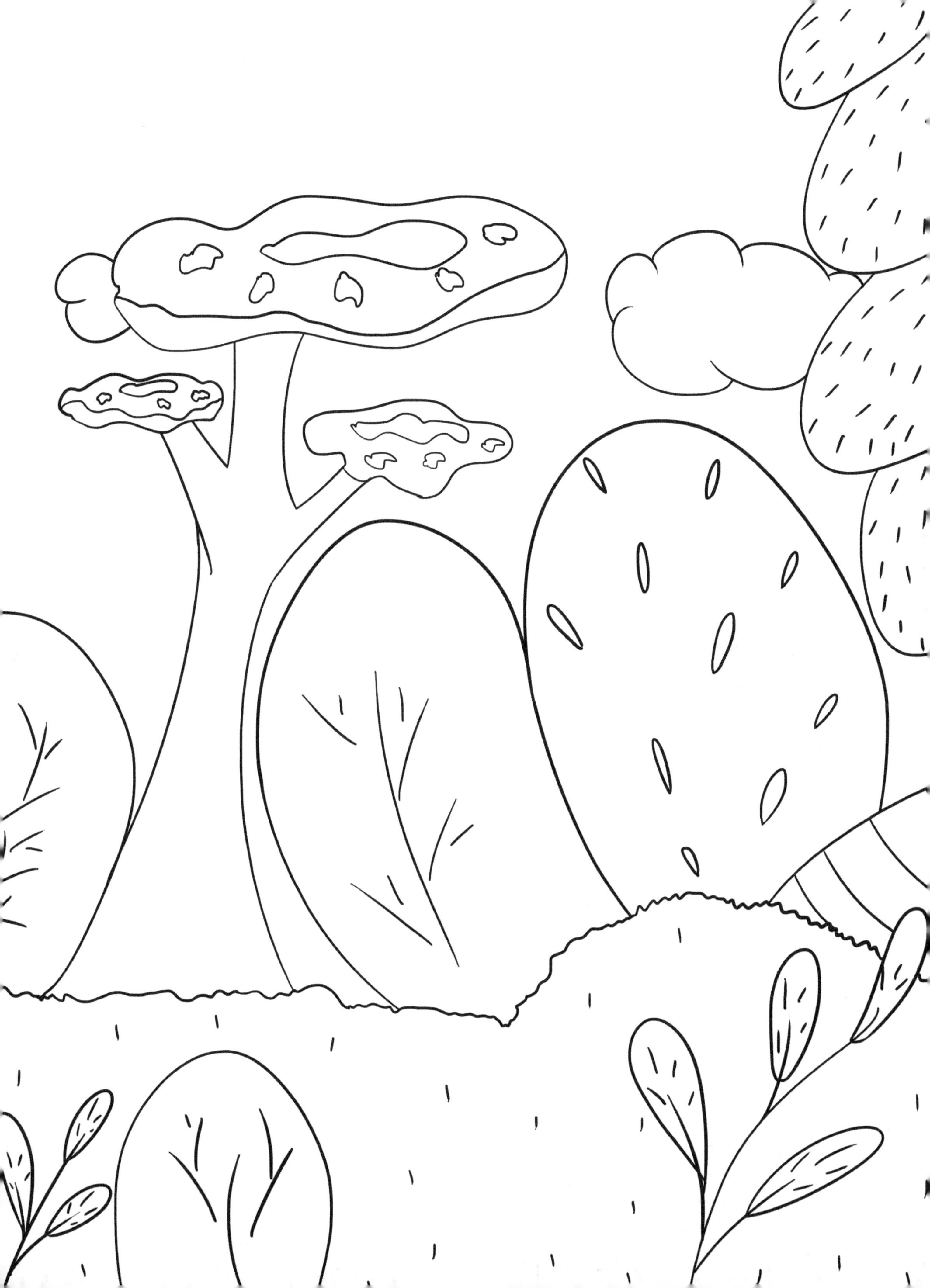

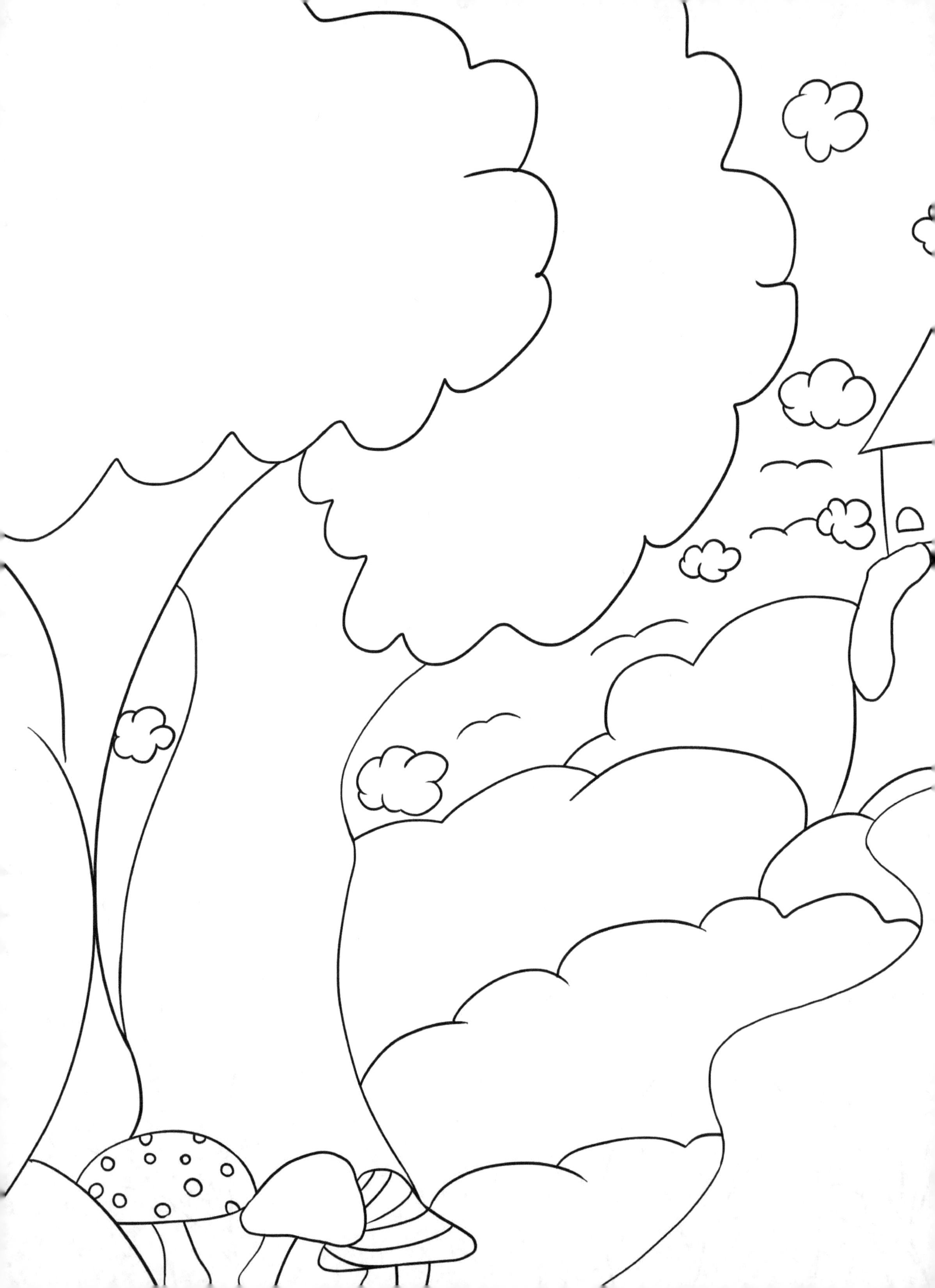

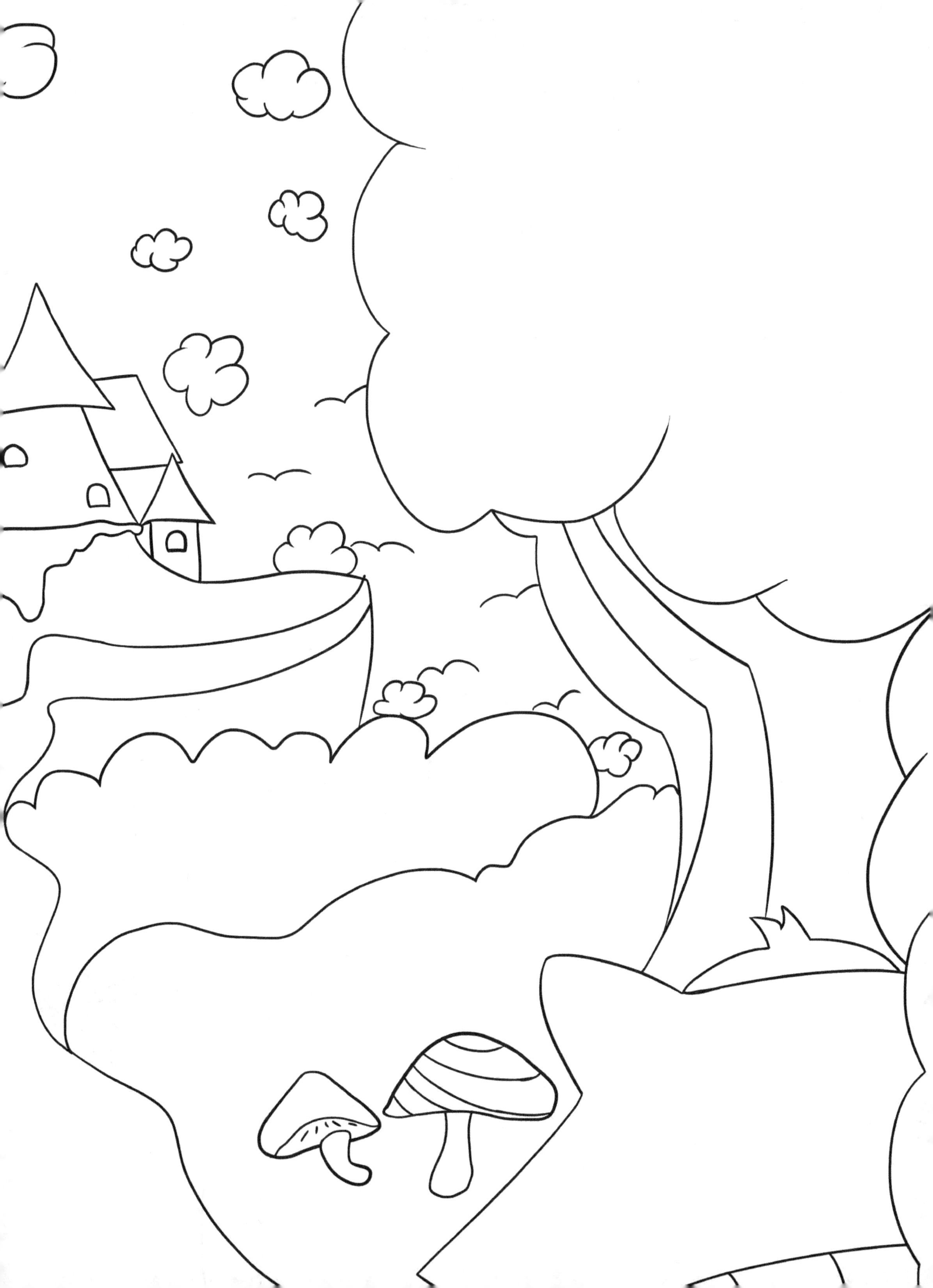

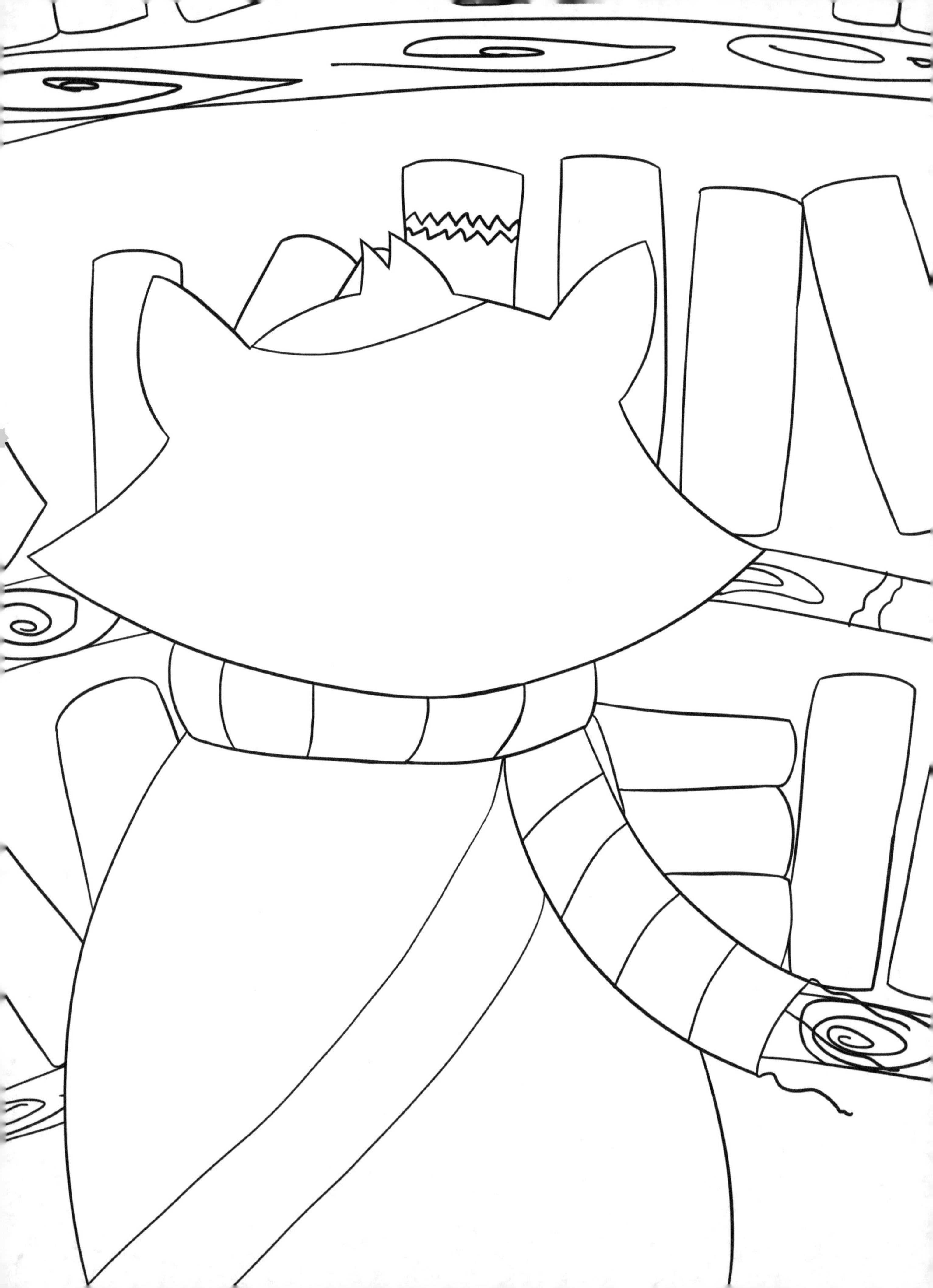

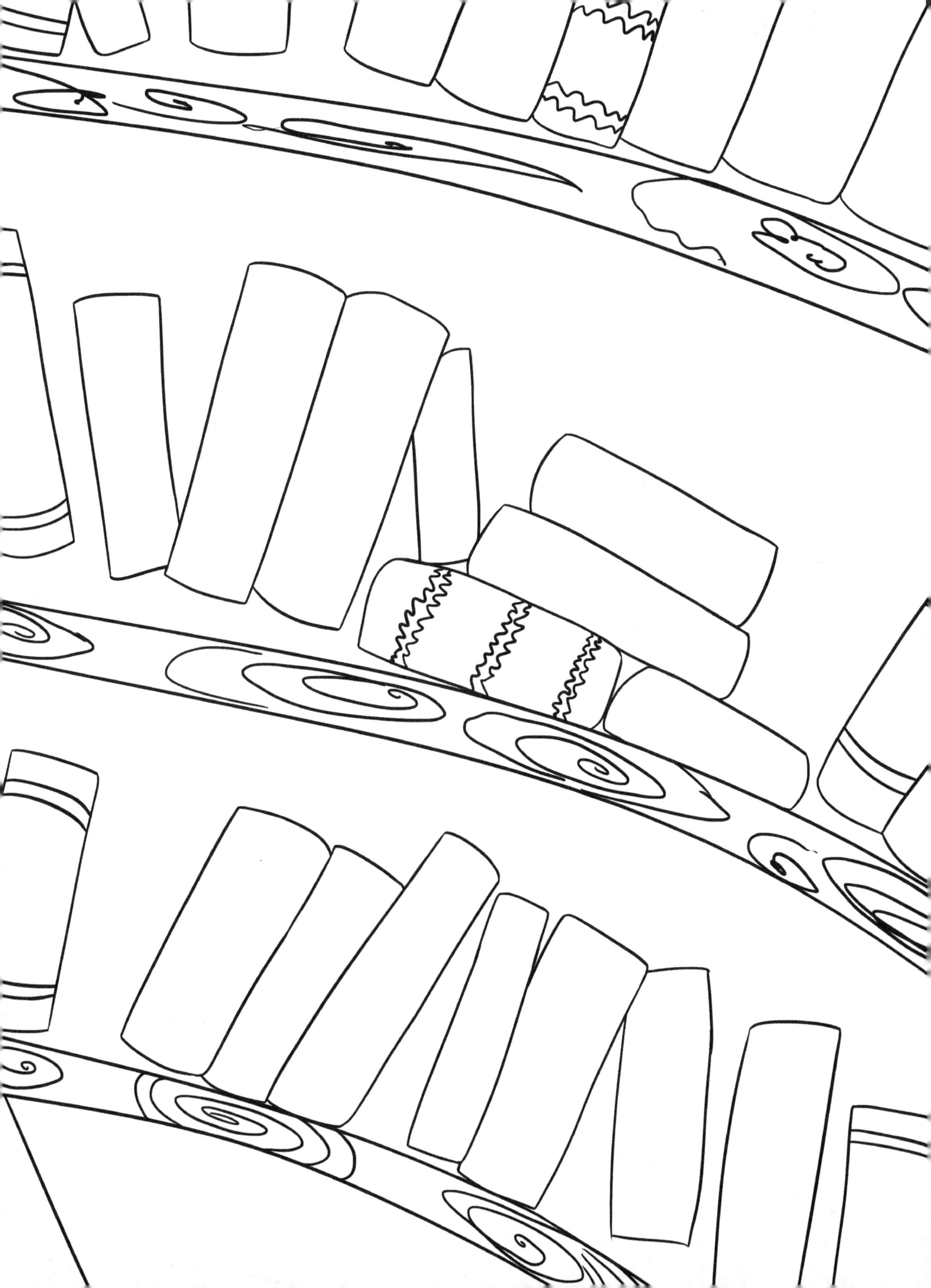

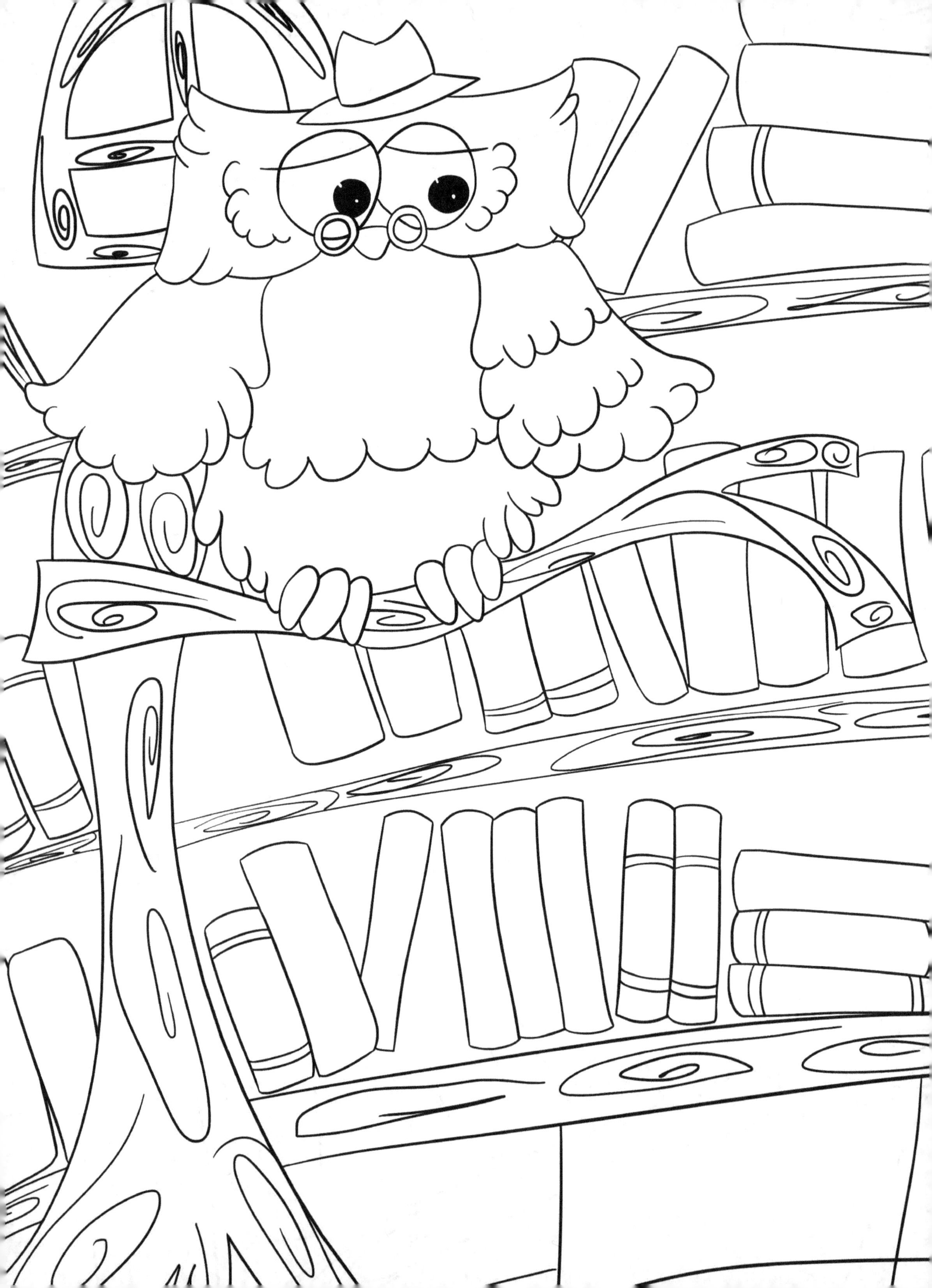

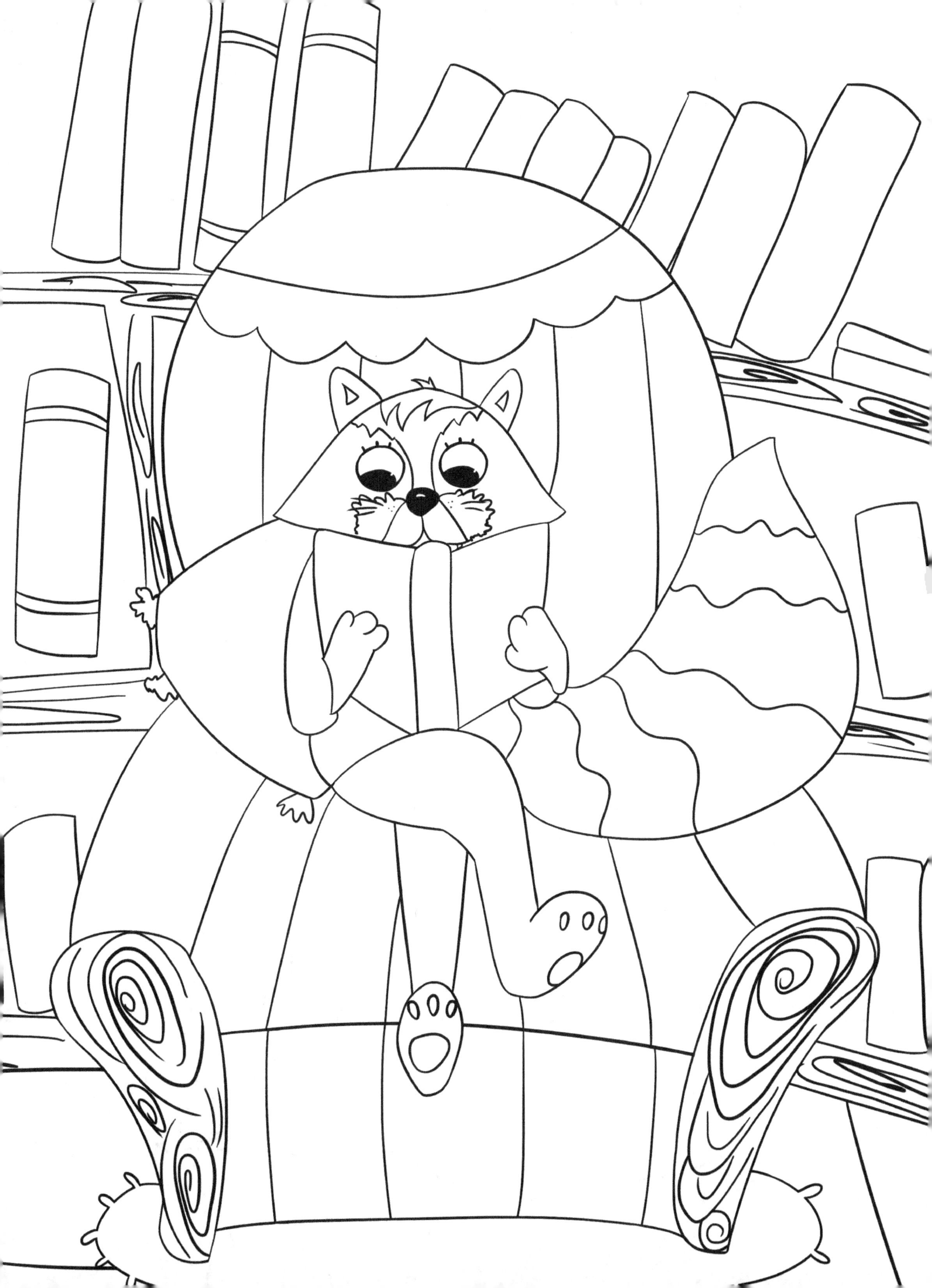

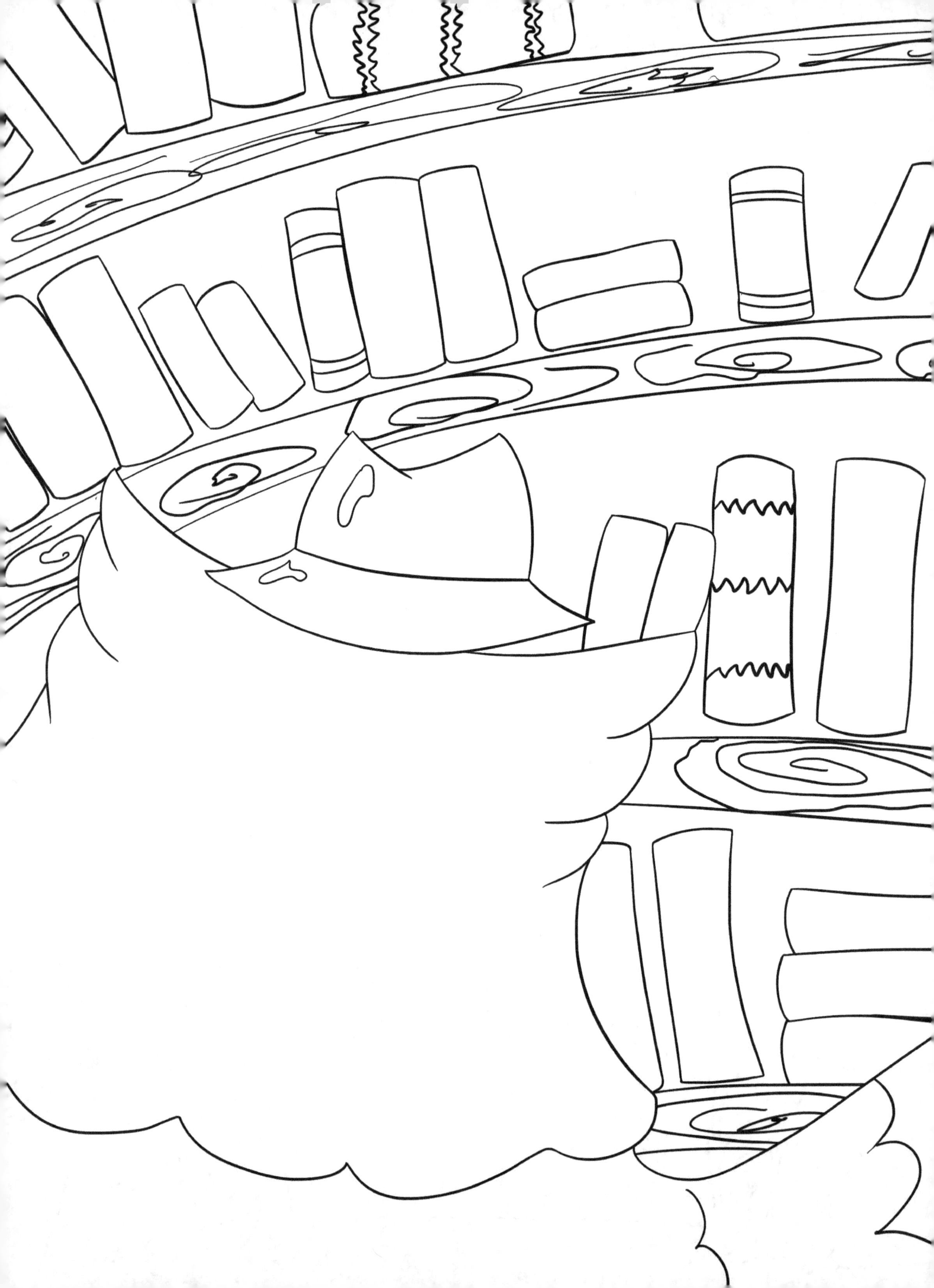

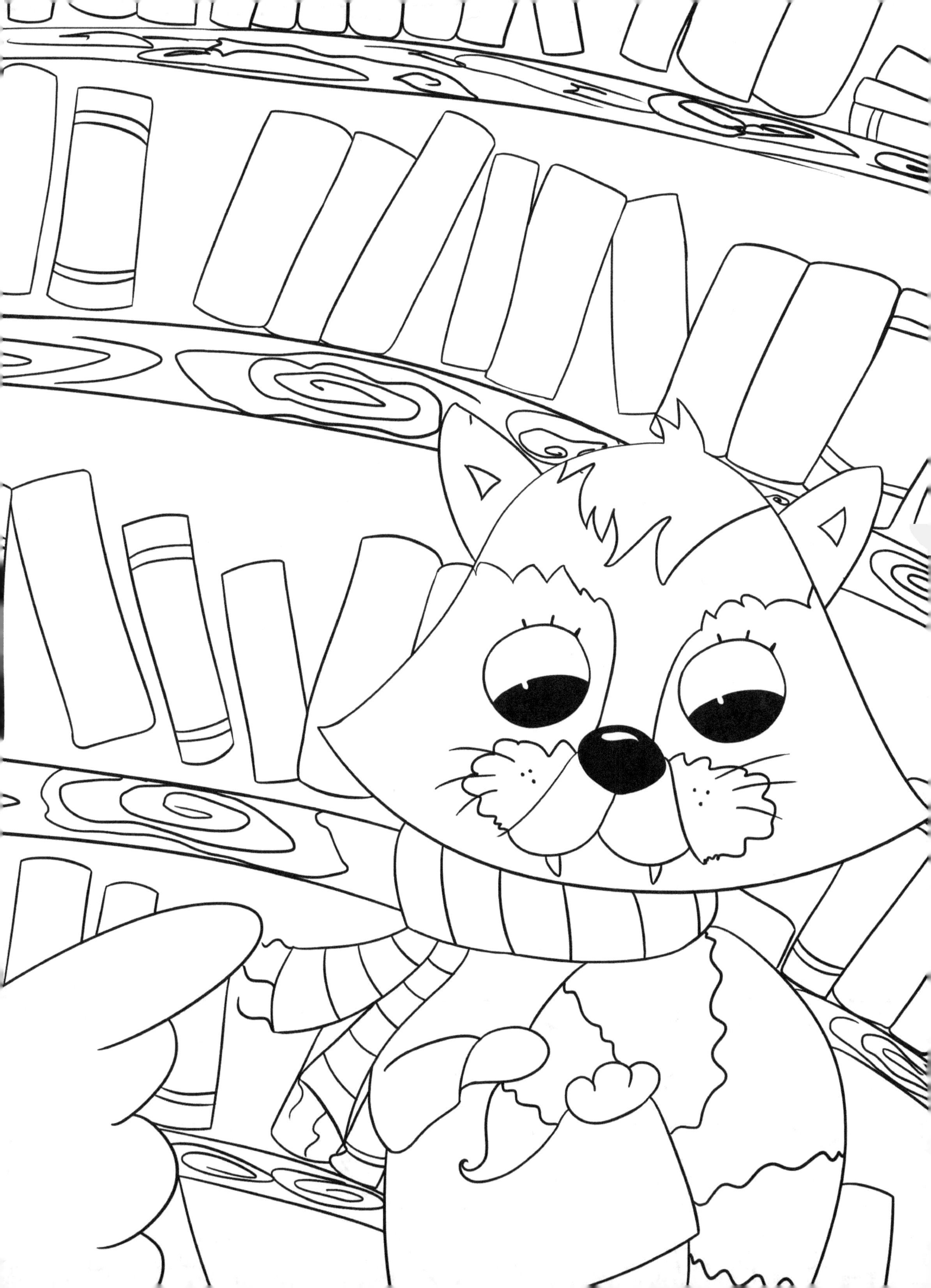

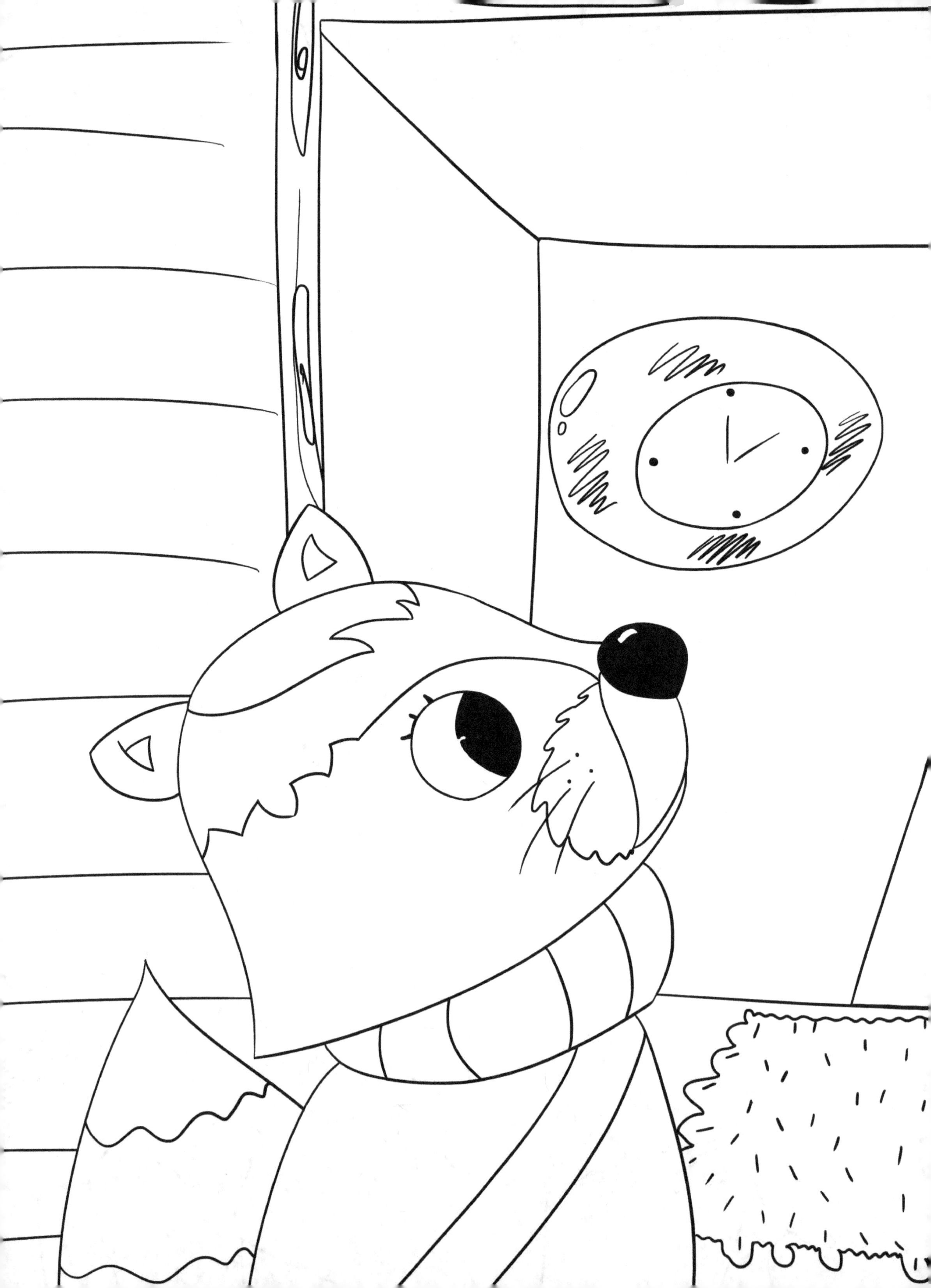

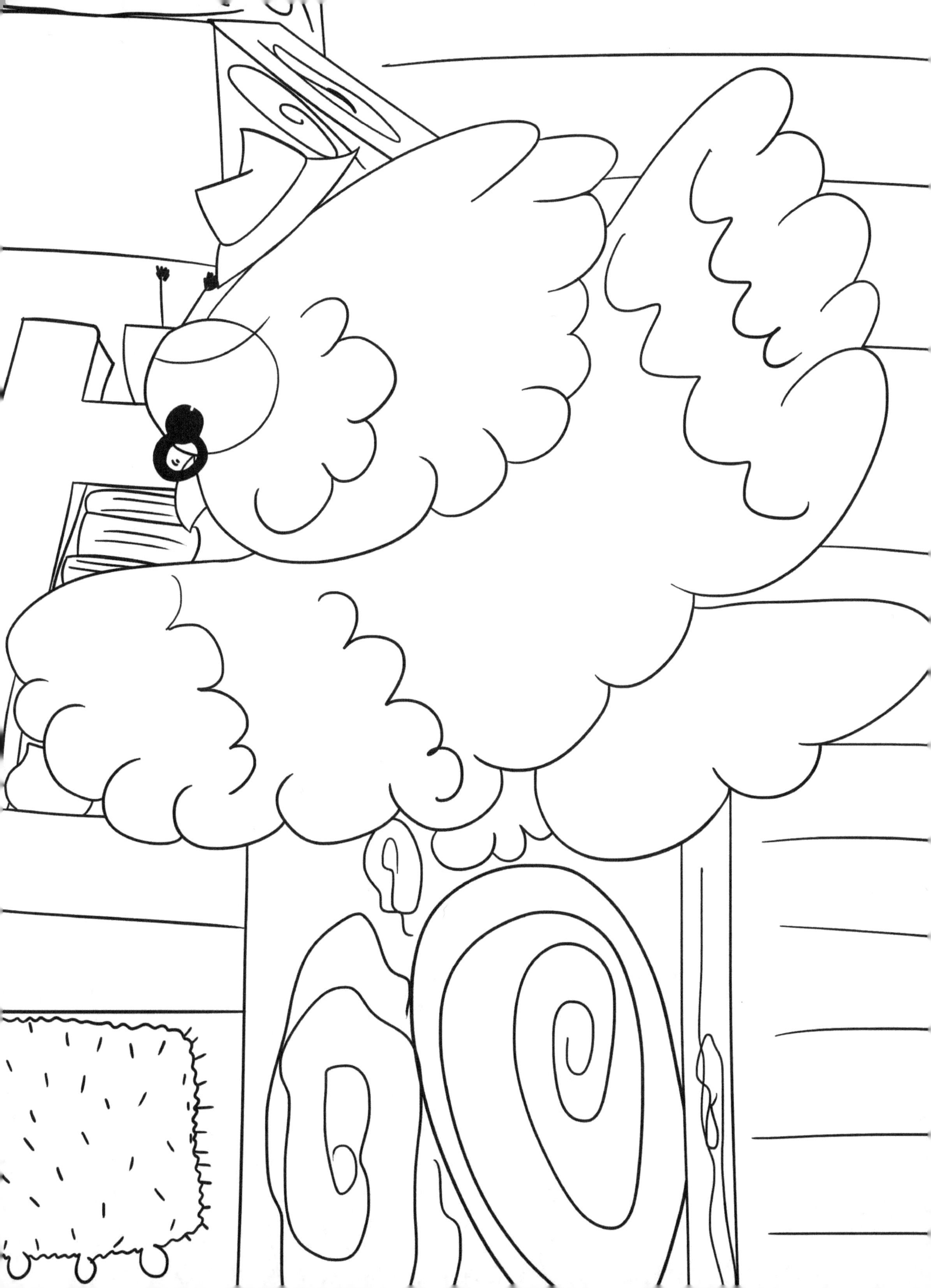

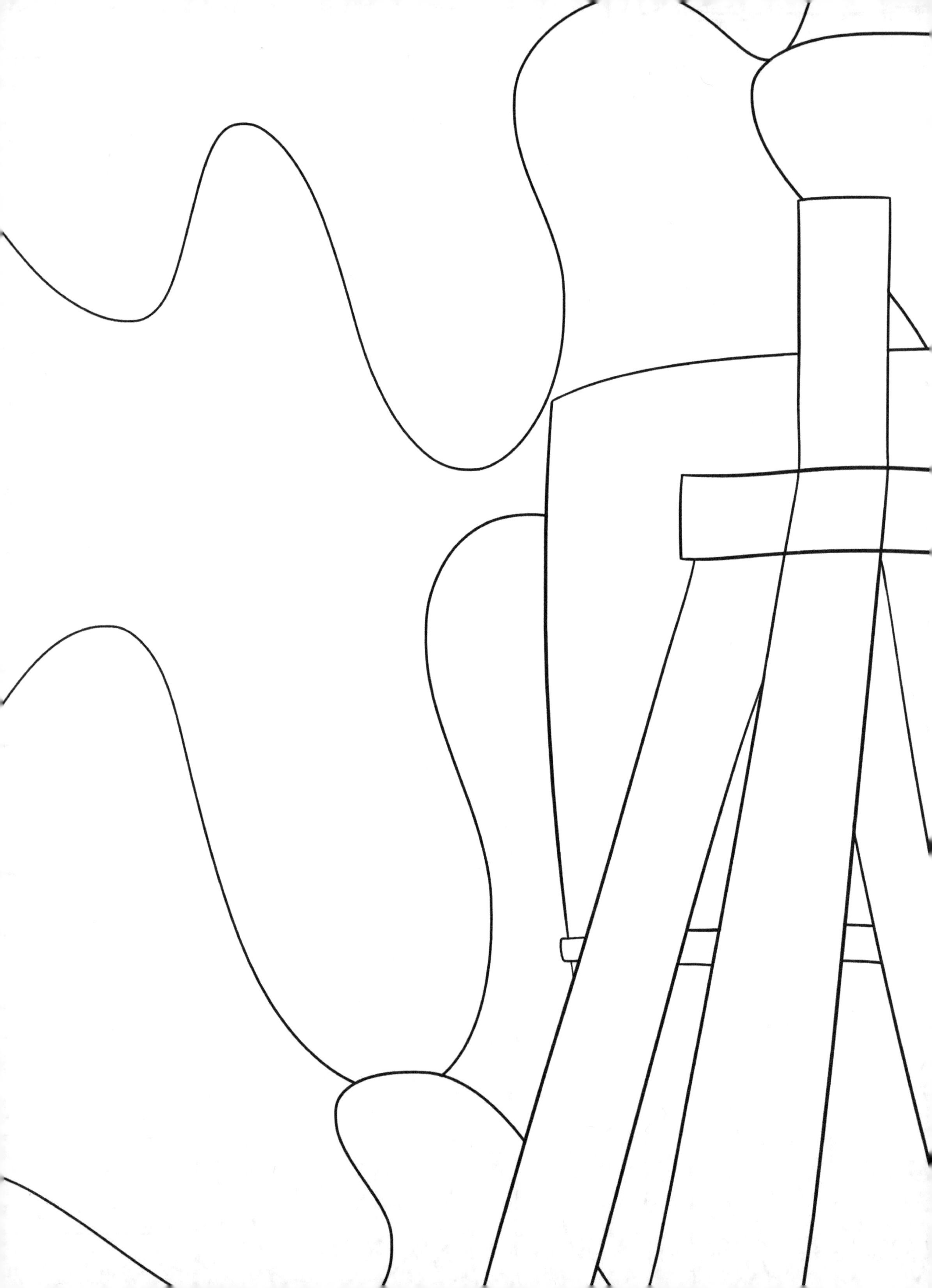

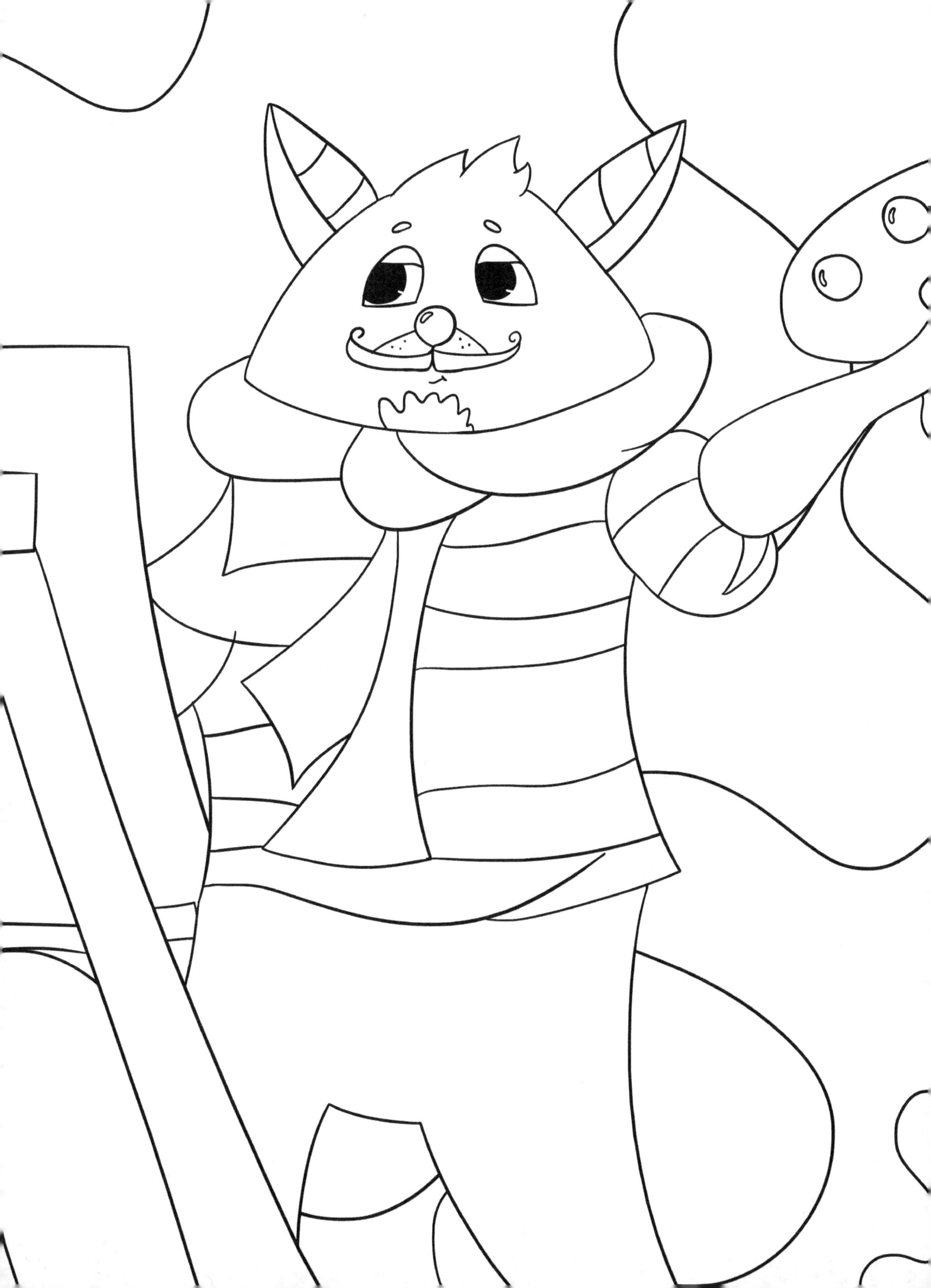

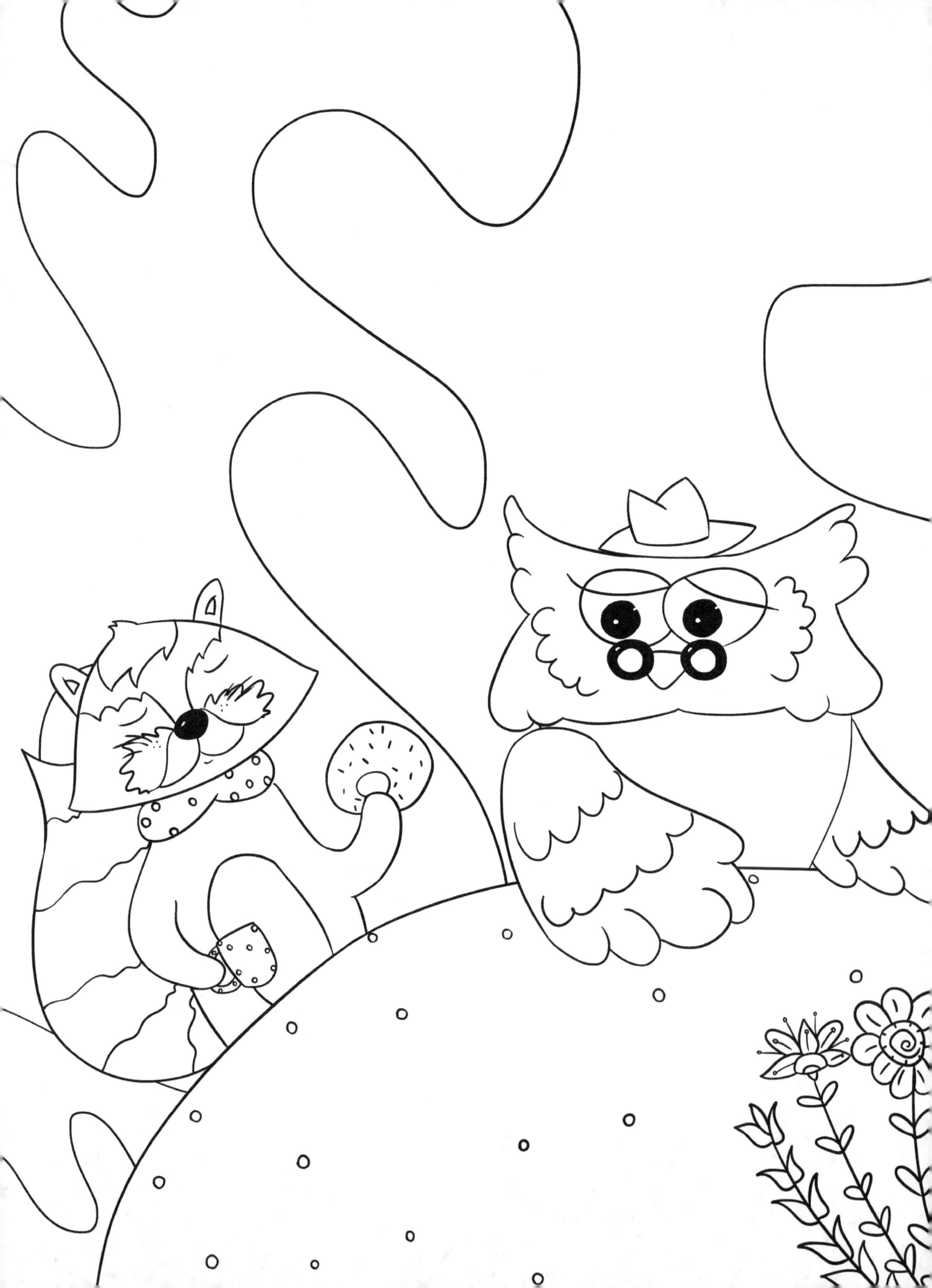

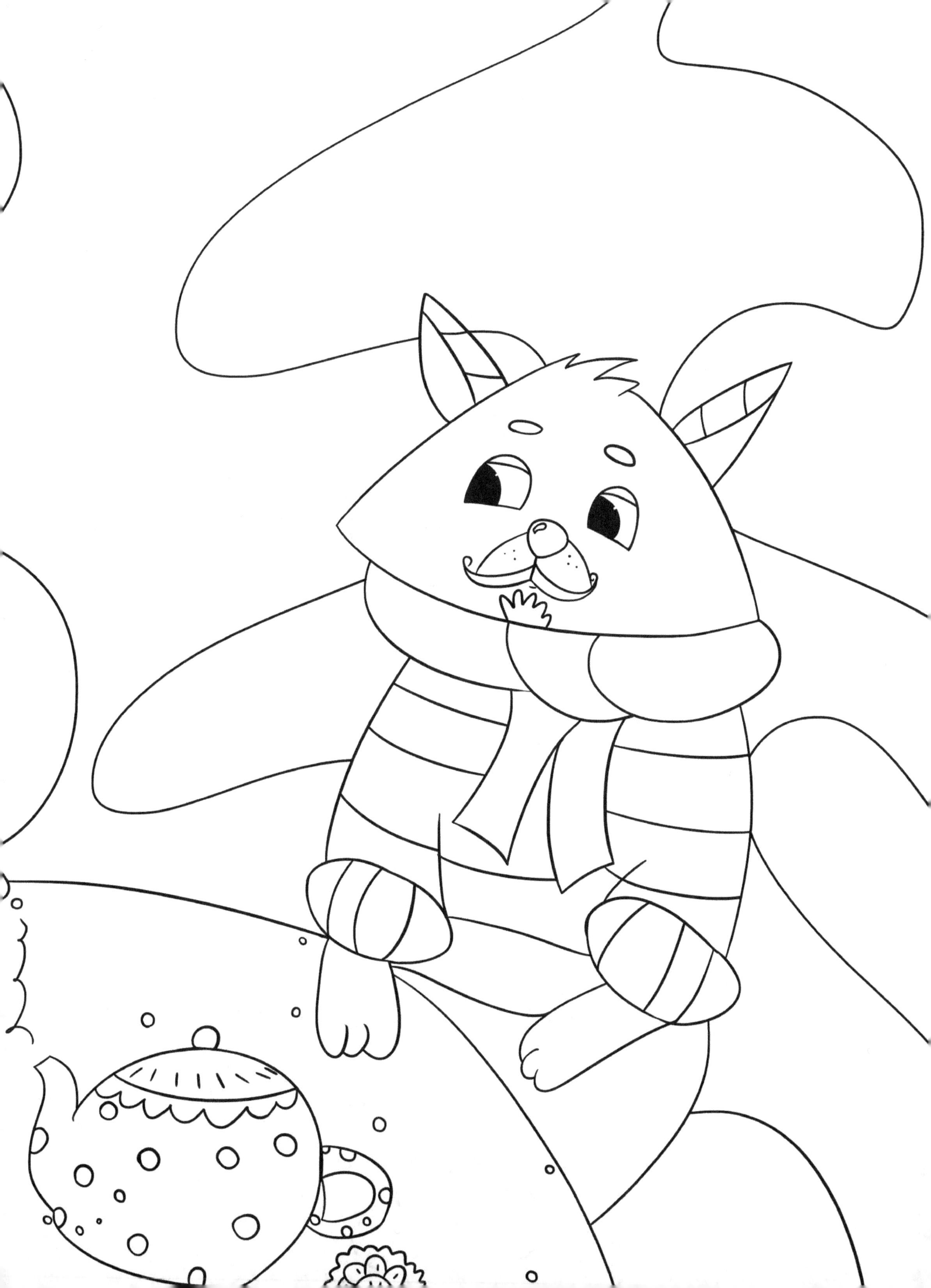

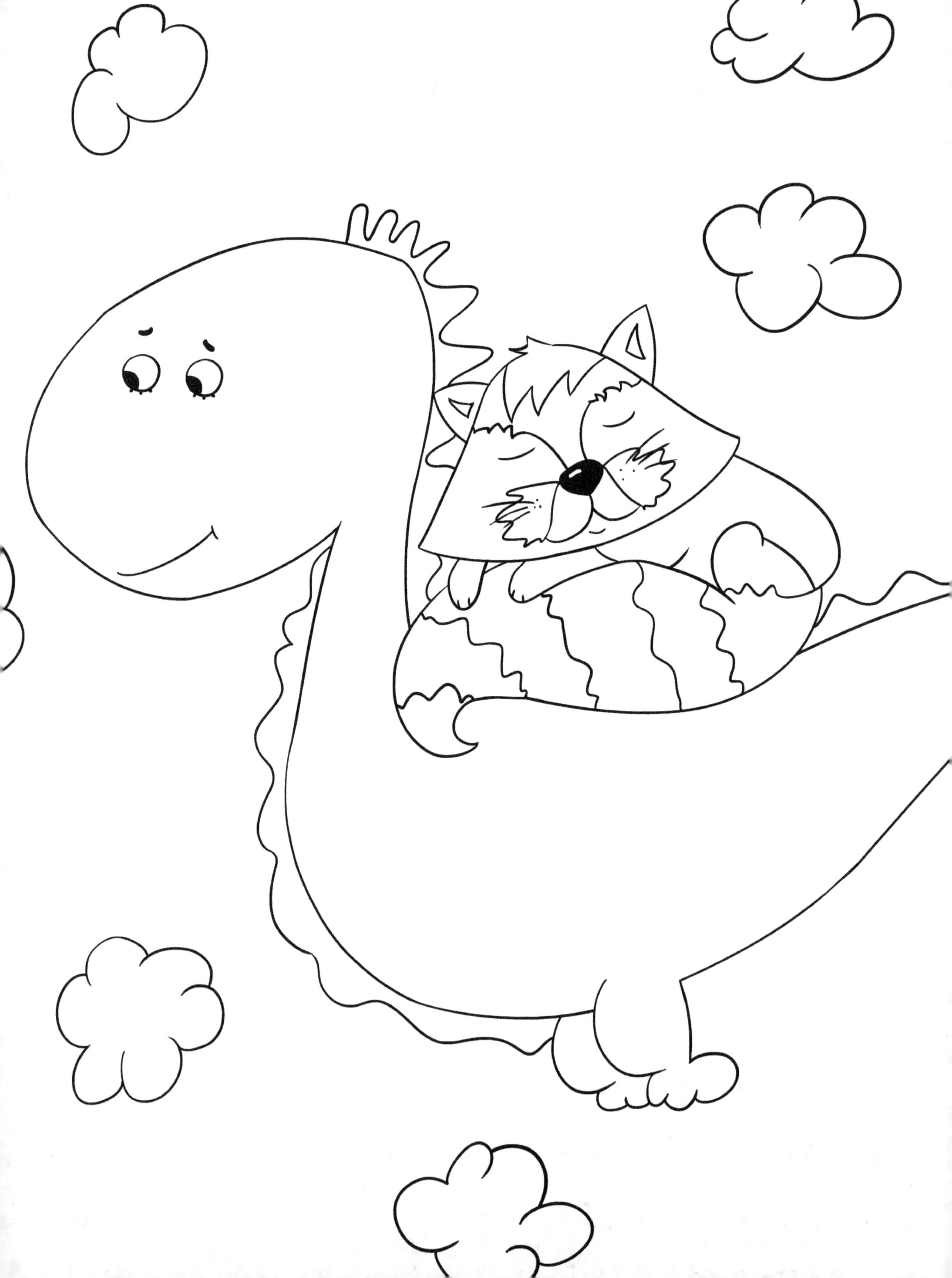

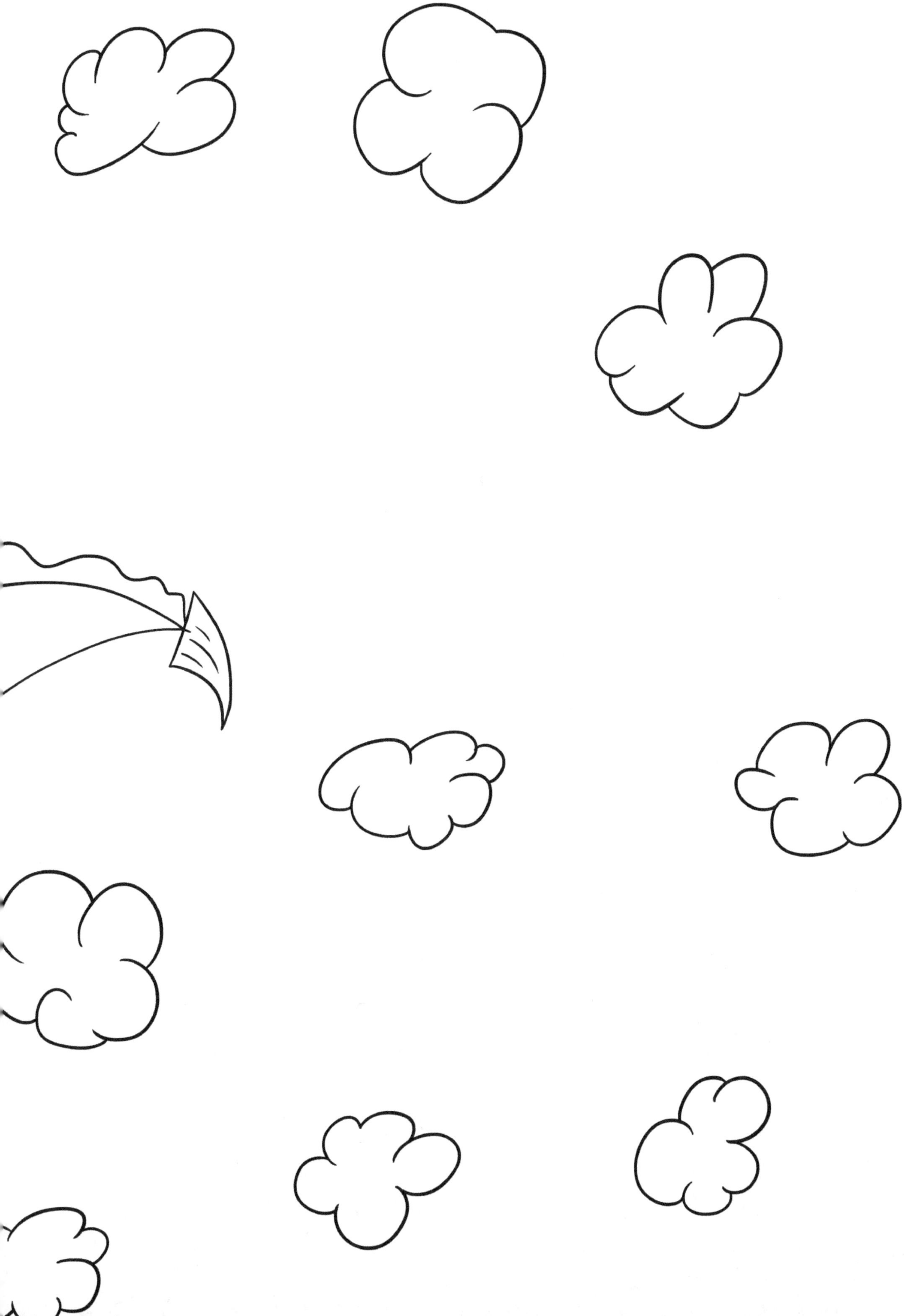

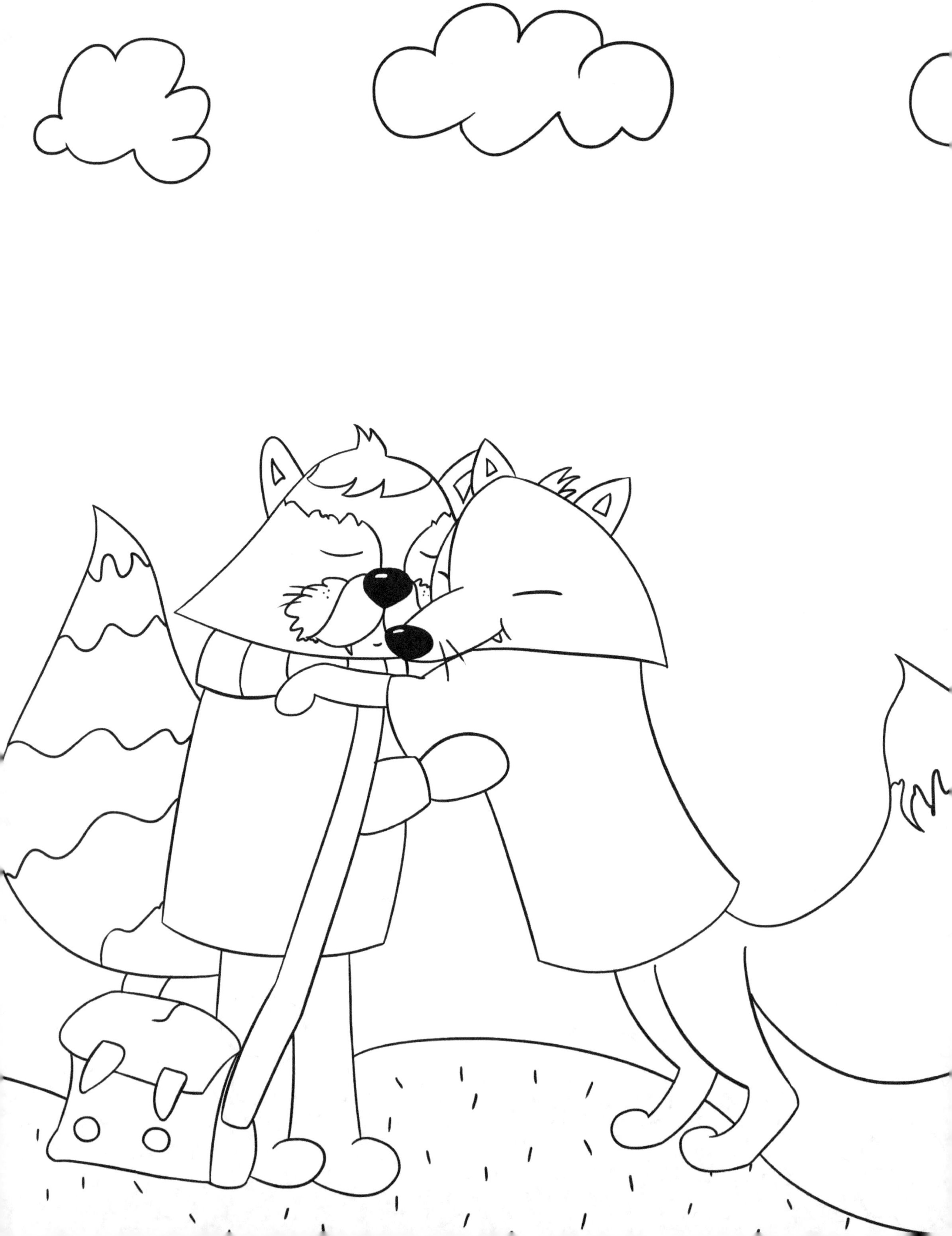

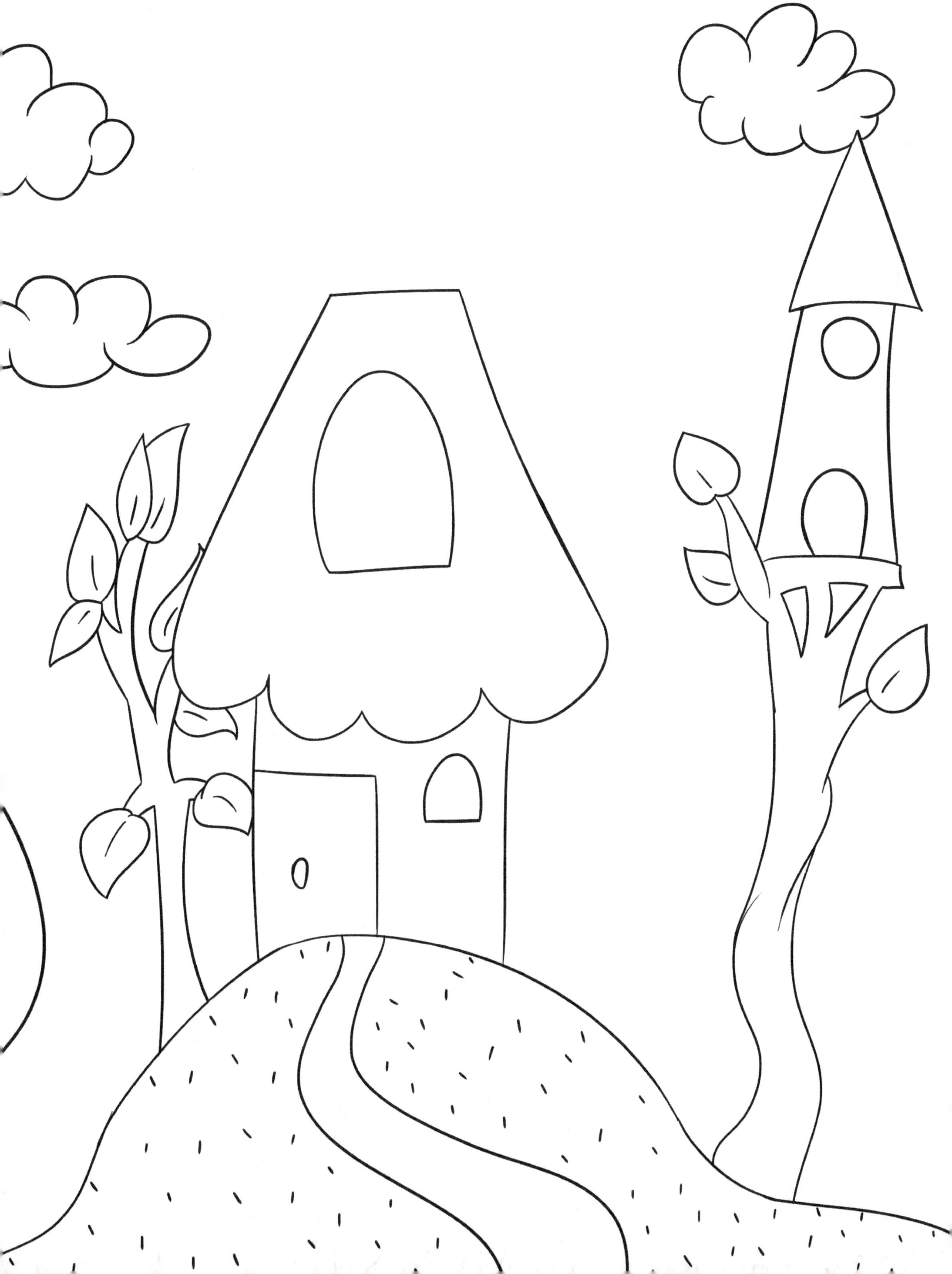

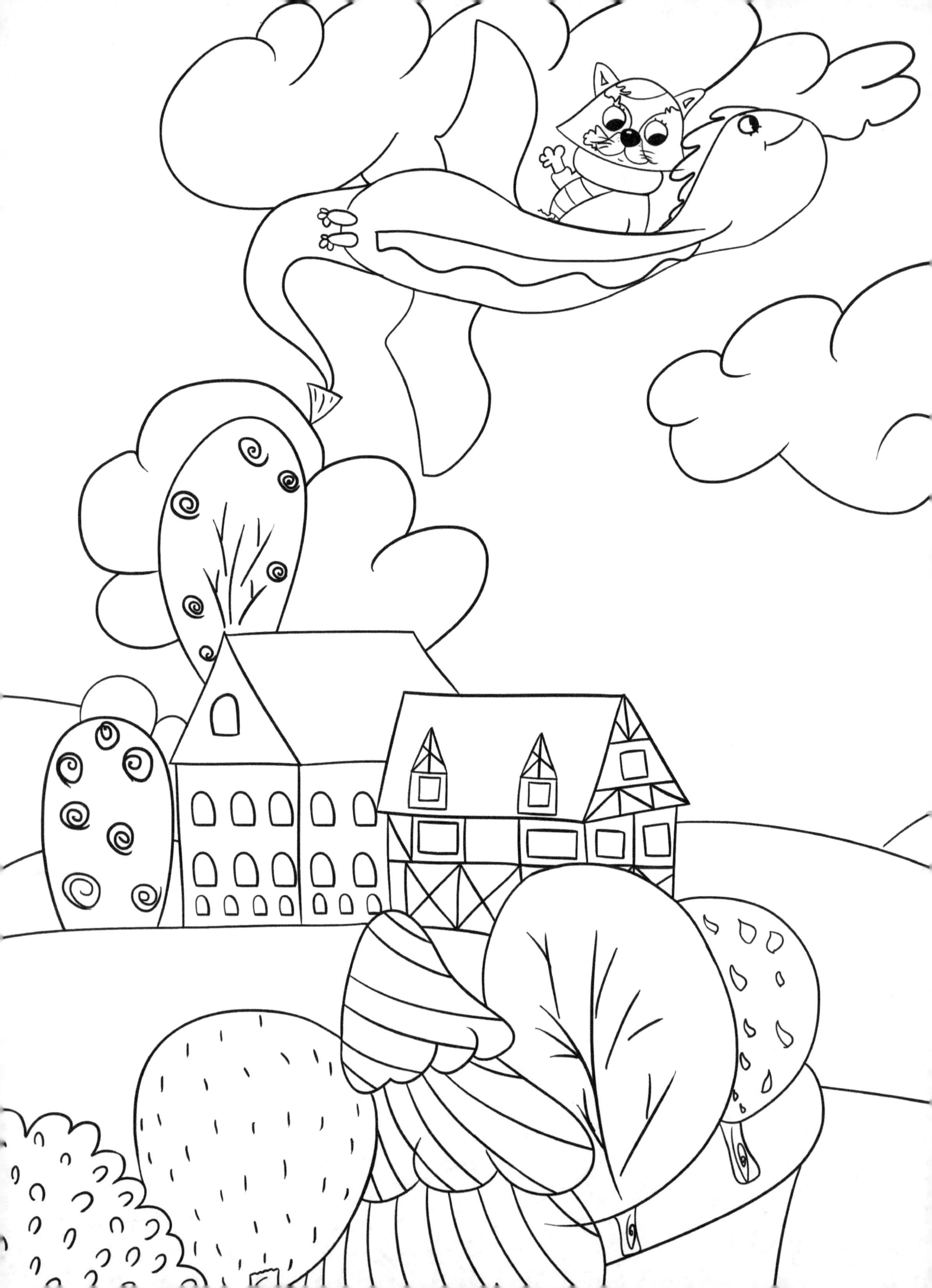

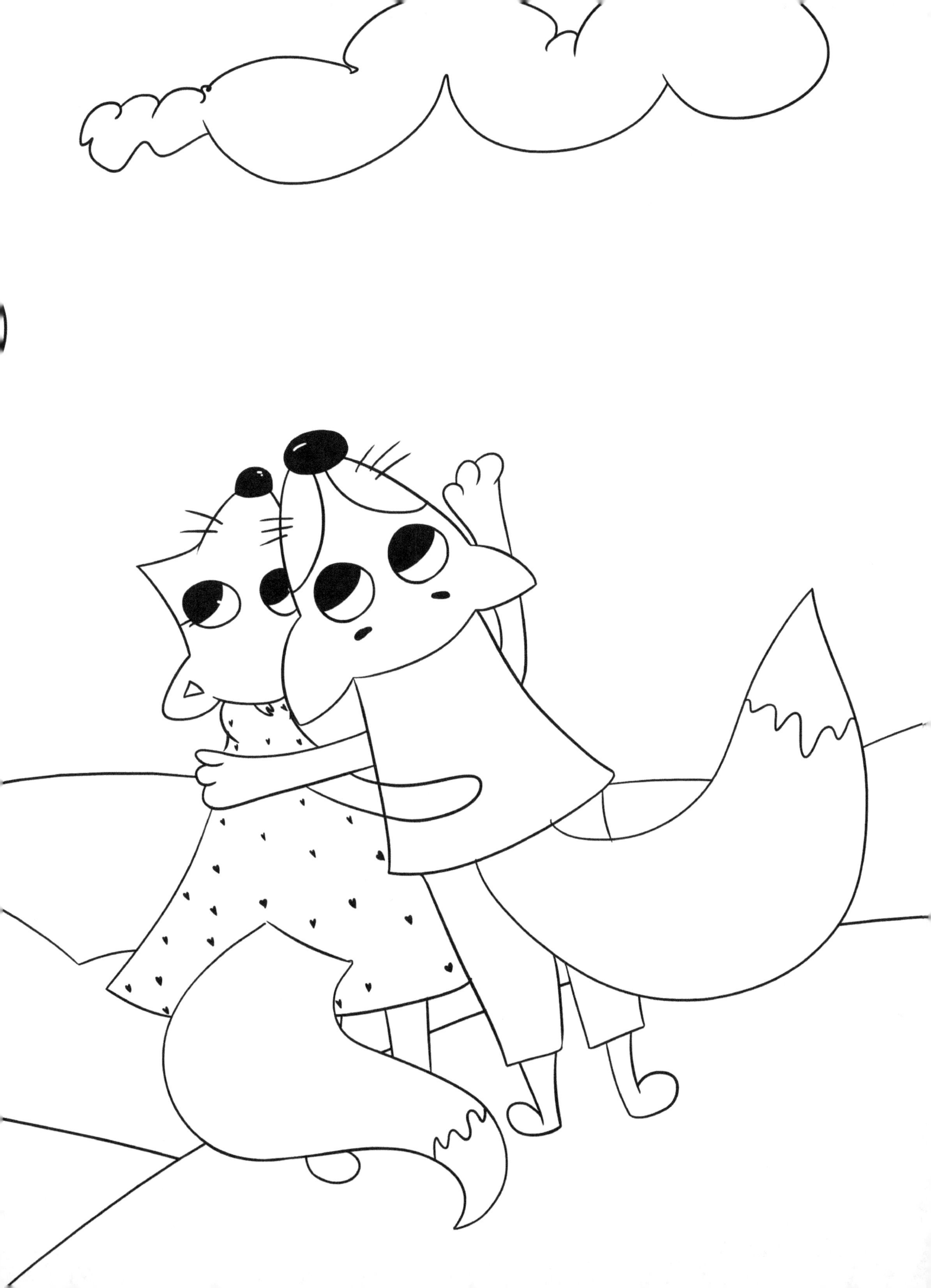

www.ingramcontent.com/pod-product-compliance
Lightning Source LLC
Chambersburg PA
CBHW062236220526
45471CB00009B/3504
* 9 7 8 1 9 8 6 2 4 2 2 8 8 *